どうみる韓国・北朝鮮問題

——日韓・日朝関係はこのままでよいのか——

南雲和夫 著

本の泉社

まえがき

奇妙な「議論」がまかり通っています。そう思いませんか?

日本の過去の植民地支配の実態について、日本側の外交文書を基に批判する文章をインターネットに書けば、「反日デンパを流している」(?)と巨大掲示板で攻撃する「ネチズン」。反論すると、「反日日本人」のレッテル貼り。

北朝鮮による日本人拉致事件を、あくまで粘り強い外交交渉で解決することを主張するだけで、メーリングリストで「国家破壊主義者!」あげくのはては、「北朝鮮の手先!」「朝鮮総連の手先!」。はては「北朝鮮へ帰れ!」といわれたり……。

「チョンコ」「チャンコロ」などなど、差別語、蔑称の嘲笑のオンパレード。無記名、匿名、偽名、「ハンドルネーム」(HN=ホーリーネーム?)をいいことに、無責任な言いたい放題。スレッドの立て放題。

問題なのはインターネットの掲示板だけではありません。

大マスコミも同じです。

テレビでは、北朝鮮の「内部事情を激写!」などと銘打った撮影日時、場所が不特定なフィルムが洪水のように流され、それをもとに、したり顔した「専門家」「研究者」と称する連中が「解説」（「怪説？」）を行う状況。

そして、これらに迎合する、いや扇動する「知識人」「文化人」「ジャーナリスト」の存在。売れれば何でもいい、視聴率さえ上がればいいと、ろくに裏づけ取材もせずにすぐに飛びつく新聞社、出版社、テレビ局の存在。場合によっては「やらせ」まがいのことまで……。

いったい、この国はいつからこんな「言論」が飛び交うようになったのでしょうか。

今こそ、大いなる理性と論理の構築が必要なときはありません。

本書は日本国内において「嫌韓・反北朝鮮」感情を煽り立てている論調への反撃の書であるだけでなく、よりよい日韓・日朝関係を築いていくための論争の書でもあります。実証的・論理的な論争を巻き起こす第一歩として、この問題に関心を持つ日本国民を含めた多くの方が、本書を通じて理性の灯を輝かしてくれることを期待します。

二〇〇七年一〇月七日

著　者

目次　どうみる韓国・北朝鮮問題

資料

第一章　新たなる誤解、拡大再生産の書

――西岡力『日韓誤解の深淵』（亜紀書房）を斬る！

はじめに

まず著者の簡単な経歴から紹介していきましょう。西岡力氏は一九五六年生まれの五〇歳（二〇〇六年現在）。国際基督教大学に入学し、在学中韓国の延世大学に一年間留学。大学卒業後は外務省の海外調査員として韓国の日本大使館に二年間勤務した後、東京基督教大学講師となり、現在教授。なお、この間、佐藤勝巳氏（後述）が所長をしている「現代コリア研究所」に入所し、主任研究員を務めた後、「北朝鮮に拉致された日本人を救う会」の役員となり、現在常任副会長。

著書には、本書のほかに『飢餓とミサイル』（亜紀書房）など。大学では朝鮮半島情勢や韓国語を講じているが、韓国・北朝鮮問題に関する学術研究書や学術論文の類は殆ど見当たらず、もっ

ぱら北朝鮮関連の「一般書」が多数あります。
まずこの本の冒頭では、著者と留学先での韓国人学生との会話が紹介されています。
「私は……日本人のひとりとして植民地支配について謝罪したいと語った。すると彼は、『力の強い国が弱い国を植民地にしたのは当時としては当たり前のことだった。我々が弱かったから侵略されたのだ。謝ってもらうべきことではない。国際社会はパワーがすべてだ（以下略）』。私は彼の論理の明快さと自信に圧倒された。」（ii頁）
欧米の帝国主義国家が植民地支配を行うこと――すなわち、「弱肉強食」が国際社会で二〇世紀は本当に「当たり前」だったのか？　また、単純に「国際社会はパワーがすべて」だと言い切れるのか？　そしてなによりも、そのような態度に圧倒されるばかりで、何の問題意識も持たない自分に、何の痛痒も感じないのが、果たして研究者として適切な態度といえるのか――残念ながら、西岡氏はこうした自己分析ができないタイプの人物のようです。その体質は、以下の各章で見ることができます。

一　T・K生の『韓国からの通信』を「事実の歪曲」と決め付ける

最初に、「I　『T・K生』の犯罪」（一～一二八頁）をみていきましょう。
「T・K生氏の『通信』はまさにその歪んだ海図であった。…もし、『通信』の持つ歪みが、T・K生氏の能力不足から生じているものであれば、自然淘汰によって『通信』が世の中から見捨てられた後、それをわざわざ批判する必要はないだろう。しかし、『通信』が描き出した韓国像をじっくり検討してみると、そこにはある特定の政治的立場の人たちに都合のいいように、事実を歪曲しようとした、作為の跡が、はっきりと出てくる。……T・K生氏と、彼に資料を提供しつづけた韓国の反体制派の人たち、そして『世界』編集部の三者は、おのおの動機は異なるにせよ、承知の上で事実を歪曲しつづけてきた。その責任は重いといわなければならない」（四～六頁）

この文章の中で、「ある特定の政治的立場の人たちに都合のいいように、事実を歪曲しようとした、作為の跡」があると言い切れるのか、そのことについては後述するとして、いま少し西岡氏の文章を読みすすめましょう。

「『通信』はT・K生氏が自分で経験したことを書くことはごく少なく、友人・知人から聞いた話や人々のうわさと、反体制派の出したビラや声明などの抜粋を紹介しながら、T・K生氏が感想を記すという形式で構成されている。……たぶんT・K生は実在する人物ではないのだろう。」（七頁）

この西岡氏の文章が、現在いかに「明白な虚偽」に満ちたものであったかは、当の発表舞台であった『世界』（岩波書店発行）で筆者である池明観氏自らが、当時の状況及び執筆最中のエピソードを交えて証言していることからも明白です。

「(前略)「T・K」というのはどういう意味ですか。
池　何の意味もないの(笑)。それは安江(注:当時『世界』編集長)さんがつけたんです。
ある人は、私が池だから、Tはそれと関係があるし、Kはクアンだろうといったりしますが、安江さんはべつに特別に意味づけしないで『T・K』とやった。」(池明観「国際プロジェクトとしての『韓国からの通信』」『世界』二〇〇三年九月号)

しかし、西岡氏はいまだにこの記述について、まったく訂正しないばかりか、以下のようなきめ付けを続けて池明観氏を事実上中傷する文章を書き連ねています。

「しかし、その伝える情報が正確であるならば、それでもなお『通信』は韓国の反体制派の動きや社会に広まっています。流言飛語を知る上では貴重な資料であるといえるだろう。しかし、『通信』には明白な虚偽が混ざっている。」

これについても、なぜそのような「虚偽の」情報が混ざりこまなければならなかったか、同誌の池氏の発言を見れば明白でしょう。

「――通信を読むと、いくつかの部分があって、ひとつは生の資料といいますか、学生や労働者や教会などが出した声明とか、ビラ、歌った歌や詩とかが引用されています。もう一つは地の文章で、その中に、ある大学の友人がこう言ったとか、あるジャーナリストがこう言ったとか、語りの部分がありますが、それはそういう形で聴き取りをした話なのですね。

池　そうそう、キリスト教教会関係だけでなく、学生運動の人々にも会ったのですよ。彼らから伝えてくる場合もある。（中略）訪問者たちは、私が書いています。ことが長いことわからなかったのですが、とにかく資料を持ち出したのです。向こうに行って、宣教師なのでいろいろな人に会えるから、そこで普通の話をしたり、意図的にちょっと聞き出したりなんかして話を聞いてくるのですよね。それはいわゆる流言蜚語も集めるわけですから、結果的にまちがったのも混じっているのです」（同誌五七頁）

もちろん筆者は、池氏が結果的に間違った情報を提供したことを問題にしない、というつもりはありません。しかし、次に触れる光州事件(1)に際しても、当時の全斗煥軍事独裁政権が外国人記者は勿論のこと、韓国人のジャーナリスト、研究者に現地の立ち入りと報道・表現の完全な自由を認めていなかった以上、このような誤りが生じるのはやむをえなかったのであり、そのことだけをもって池氏を非難するのは不公平というべきでしょう。もっとも鮮干輝氏（作家、朝鮮日報記者、後主筆、一九八六年没）自身は、西岡氏の著作の中でこう述べてはいますが……。

「韓国通信がデタラメであるというのではない。その九〇パーセントが事実であり、その情報のくわしさには時には驚く。しかし、（略）何ともいえないような箇所に事実とはチョットした話が入っていて実にそれが韓国に対する認識を根本的に変える扇の要のような重大な役割を果たすという点である」（九～一〇頁）。

さて、次に光州事件に移りましょう。

西岡氏の言い分によれば、光州事件のウワサを検証する、として、以下の七項目をあげて、それと「T・K生」の主張を対比させる形で『韓国からの通信』を比較検討しています。

「①「デモを鎮圧している。空挺隊は、慶尚道出身者だけで構成されていて、全羅道人を皆殺しにしてもよいと命令されている。」

②「戒厳軍兵士は、数日間食事を与えられず覚醒剤入りの酒を飲まされている。」

③「女子学生・夫人が下着姿に、あるいは裸にされた」

④「抵抗した女性たちが裸にされ、木にくくりつけられて突き刺された」

⑤「軍に抗議した女子高の校長が刺し殺された」

⑥「妊婦を刺し、胎児を投げ捨てた」

⑦「死者は二〇〇〇名だ」

『通信は』このうち⑥を除くすべてを、事実だとして伝えている。（八〇年七月、八月号）」

（同書一一頁）

西岡氏は「T・K生」は「⑥妊婦を刺し、胎児を投げ捨てた」という噂を除くすべてを事実だとしています。が、問題とされている『世界』一九八〇年七月号と八月号には「⑥を除くすべてを事実だと」いうような断言などされてはいません。「T・K生」の記述はあくまで「ソウルの友人の記者たちや市民の間に流れています。情報を総合すれば……次のような模様」とあくまで伝聞として述べているのであって、西岡氏のように「すべて事実」だなどとは一言も言っていないのです。

さらに②に関連する記述はこう記されています。

「全斗喚と空挺隊、すなわち空輪団の残虐行為は想像に絶するものである。（中略）空輪団兵士たちの残虐行為に対しても、国民は正常な人間であればそんなことができるはずはないと思っている。幻覚剤を飲ませたか、酒に酔わしめたであろう」（『通信』二一八頁）

また、八月号の「暗闇の記録」では次のように記されています。

「光州の死の一〇日間について、すでに多くの証言が集められた。……光州の闘いの最中にいて、自己犠牲を覚悟して勇敢に抗議し証言し行動したカトリック教会側の記録をまずここに書き記すことにしよう。

証言Ｉ（五月二二日午後四時現在）

（前略）次のような消息が伝えられた。

一、無差別虐殺をした軍人たちは、丸一日食を与えられず、何か薬を入れた酒を飲まされてきたと自白した（以下略）」（傍線南雲：一六三〜一六四頁）

この記述からも明白なように、池氏の文章はカトリック教会の記録を引用として書いています。本人自身がこの発言を事実だと断言している訳ではありません。

さらに次の文章もまた、池氏の文章はカトリック教会の記録を引用して述べています。

「私は一九日（月曜日）午前九時半、カトリックセンターに入ってデモの光景をつぶさに眺めた。（中略）私は尚武洞付近で、傷ついた顎から流れ出る血をふきながら泣いています。市内の中央女子高校生にであった。その女学生はただ茫然としていたが、何度もたずねる私に、十分あまりもたった頃か、多少気を沈めてこう語った。「私の学校の学生たちが授業を終えて正門を出ようとしたら、軍人が校門を囲みました。（中略）校門のところでお友達二〇名が血を流して死にました。口頭（ママ：校長あるいは教頭のことか？——南雲）先生も軍人たちの剣に突き刺されてなくなりました。ああなんて恐ろしい」（一六五頁）

また、③④⑥に関する記述は六月二二日発信「死から死へと」でこう述べられています。

「光州や木浦の報告はいまも絶えず運ばれてくる。小学校四年生くらいの子どもを銃剣で突き刺して市民の目の前にかかげたという。妊婦を殺害したこと、女性を裸にして街を引きずり歩いたこと、女性の胸をえぐりとったことなどについて、ソウルにもすでに目撃者の証言が伝えられてきた。」（一七八頁、傍線南雲）

一読してわかるように、これらの文章は目撃者の伝聞として記されているものばかりです。以上の記述を検討すれば、『通信』に記された文章が基本的に伝聞・他者から得た情報に基づいてその旨記述されていることは明記されているのであって、それらをすべて池氏が「事実」と断定したわけでは全くありません。

ここで本来的に問題にすべきなのは、池氏が匿名で伝聞や噂話をも含めて活字にせざるをえなかったことよりも、光州事件が発生した際、日韓両国のマスコミおよび政府当局者が事態を正確に知らせる努力を行ったか、また全斗煥軍事独裁政権が事件に対する完全な報道の自由を認めていたか、でしょう。もともと、噂話や伝聞が事実とは限らないことは当然のことであって、池氏が『通信』を通じて書き留めたことを非難すること自体、西岡氏の研究者としての怠慢さ――すなわち、自らの足で事件を取材し、その実態をつかもうとする努力を怠るという点で――を余すところなく描いている、といっても過言ではないでしょう。

二　光州事件、韓国政府の虐殺責任を追及しない西岡氏

次に「II　光州事件とはなんだったのか」に移ります。

「光州事件が起きた当時、日本においても同事件の性格をめぐり鋭く対立する見方があった。……第一の見方は……金大中氏が権力奪取のために計画していた内乱企図……その対極に、全斗煥将軍らが、……『全国民を相手に戦争を（した）』（和田春樹東大教授の発言）のが光州事件であるという見方があった」（三六～三七頁）

「『旗』（日本カトリック正義と平和協議会が公表した『引き裂かれた旗――あるキリスト者の目撃した評言』と題する文書を指す――南雲）はこの立場の人たちが、全政権が金大中氏をも殺そうとしているというキャンペーンは、……マスコミも大きく取り上げ

た。……一方、韓国政府は、……『旗』などの文書は韓国内でいっさい報道させなかった。」（三七～三八頁）

『旗』の内容が事実か否かはともかく、西岡氏は光州事件そのものの事実を一切報道させない韓国政府の責任をなぜここで追及しなかったのでしょうか？

いささか逆説的な表現になりますが、『旗』が韓国国内で広がらざるを得なかったのは、それらを「いっさい報道させなかった」韓国政府に責任があるといわざるをえないでしょう。

これらの記述を分析すれば、西岡氏は結局自ら光州事件そのものの解明も取材も行おうともせず、また韓国政府の責任すら追及しようともせず、池氏の『通信』および『流言蜚語』に頼らざるを得なかった「日韓連帯派知識人」だけを責めることに終始しています。ここに西岡氏の研究者としての怠慢があります。

三　教科書問題でも本質を意図的にごまかす西岡氏

さて「Ⅲ　教科書問題誤報の構造」です（五一～八〇頁）。

結論的に言えば、この章でも西岡氏は部分的な記述の誤りや事実の一面を誇大に取り上げることで、本質的な問題を意図的に誤魔化した記述を平然と行っています。以下、その実例を詳細に挙げていくことにしましょう。

「日本の教科書の朝鮮関係記述に関する批判は、筆者が調査した限りでも一九六〇年代からである。……ただ、注目すべきなのは、八二年夏の議論の中心であった。――日本の植民地支配――に対して、それ以前の批判は「ほとんど何も記述されていない」というものであったということだ。……したがって、八二年夏に韓国紙が、日本文部省の圧力が加わったため検定を通して植民地支配記述が歪曲されたと報じたのは、誤報である。……すなわち、それまで植民地支配の具体的状況について何も記述しなかった執筆者たちが、上記の各種批判を受けて、原稿本にその内容を書き始めた。それに対して従来通りの検定方針からそのなかのいくつかの部分に意見がつき、修正がなされたということだからである。言いかえるならば、修正（歪曲）された教科書ほど、内外からの批判を受け入れようとして書き直された教科書であると思えるのだ」

ちょっと待った～！（古いな！）

ここでいう「教科書に対する文部省の圧力」なるものが、果たして「八二年夏」に限ったことだったのでしょうか？

まずその点から検討しましょう。

たとえば、高校社会科『地理』の教科書検定（一九八一年）の事例はこうなっています。

「『日本人は農地を取り上げ、土地を失った農民が、日本をはじめ海外に流失した』↓言葉が足りない。不法にとりあげたようにきこえる（改善意見）」（出版労連『教科書レポー

ト』一九八二年より）

今日、国策会社として設立された東洋拓殖株式会社によって行われた「土地調査事業」が、いかに朝鮮民族固有の土地を収奪する手段として使われたかについては、これまでの研究からも明白になっています。(2) これを「不法」でないかのように言う調査官も調査官ですが、その真偽を研究者として独自に調査しようとすらしない西岡氏も問題でしょう。

また、日本史の検定では次のようなクレームがついた事例が存在します。

「『又朝鮮人・中国人を日本本土に強制連行し、鉱山などで酷使した』↓朝鮮人と中国人を区別して書くこと。当時朝鮮は、日本の領土であり、国民徴用令を適用したもので、朝鮮人の場合強制的とはいえない（修正意見）」（同）と。

以上の事例からわかるように、朝鮮半島の植民地支配の記述に関する文部省の修正指示は、すでに一九八一年の時点でも存在していたのであり、その意味で教科書問題は少なくとも一年は早く起こっていたわけです。したがって、本来問題とすべきは文部省による従来の「検定方針」なるものがどのようなものであるか、であり、そのクレームのつけ方ではないでしょうか。ちなみに現在と異なり、この当時の検定制度では「修正意見」が付加された教科書は、記述を書き改めなければ検定には合格しませんでした。

「七月二七日に、韓国政府は、関係研究機関（国史編纂委員会と推定される）が、七月一七日に東京にて入手した『日本史』『世界史』『現代社会』教科書一六冊を分析した結果として、「歪曲七事例」を発表した。続いて八月五日、……『日本史』『世界史』『現代社会』教科書十六冊を分析した結果として、二七項目一六七箇所に及ぶ『日本教科書歪曲内容』を発表した……ここではその内容に立ち入らないが、一つだけ指摘しておきたいことは、これ以降韓国側の論点が、原稿本と見本本との差異を指摘して検定内容を批判するスタイルから、見本本の記述そのものに対してその「歪曲」を指摘する形式に何の説明もなく転換したということだ」。

批判の対象を「見本本」にしたことを、さも鬼の首を取ったかのように記述する必要など全くありません。問題にすべきなのは、日本政府の歴史認識と教科書検定のあり方なのですから。

次の記述もまた軽視できません。

「第一は、『朝日』六月二六日が大きく書いた、戦前の日本の『侵略』が『進出、進攻』に変えられたという記事だ（読売、毎日、東京、サンケイも同じことを報じています。）。これに依拠した報道は韓国全国紙六紙全部にみられた。これが誤報だった（原稿本段階から『侵略』という表現はなかった）ことが後で明らかになり、物議をかもしたことは記憶に新しい」（六一頁）。

笑止千万としかいいようがありません。

『朝日』紙の報道によれば、確かに中学公民教科書の書き換えの事例に「日本軍が華北を侵略すると⇩日本軍が華北に進出すると」という事例はありました。しかしこれは、何箇所にも及ぶ検定のたった一箇所にこの事例が存在しただけで、中国側はこの事例だけを持って抗議したわけではありません。当時中国大使館に勤務していた浅井基文氏（現在広島市立大学平和研究所所長、前明治学院大学教授）によれば、中国側の抗議は主として、侵略戦争の書き換えや、南京大虐殺などの歴史的事実を消し去ろうという姿勢を問題にしていたのです。[3] このような状況を考えれば、「華北侵略⇩華北進出」のたった一箇所の書き換えが存在しなかったといって、教科書問題そのものが「誤報」によるものと判断するものは全くの誤りでしょう（高嶋伸欣「教科書裁判レポート産経新聞の大誤報」『マスコミ市民』一九九三年一二月号参照。ちなみに実教出版の『日本史』では、「華北支配」⇩「華北進出」となっており、この場合は「支配⇩進出」となっていますが、「進出」に書き改めさせられたことは間違いないでしょう）。

さらにいえば、「侵略⇩進出」の書き換えは、たしかに中国にはみられないものの、東南アジアに関してはみられるのです。

「検定前：この東南アジア侵略は、石油・錫・ゴム・米などの獲得をめざしていたので……」

「検定後：この東南アジア進出は、石油・錫・ゴム・米などの獲得をめざしていたので……」

（帝国書院『新詳世界史』・歴史研究会『歴史家はなぜ〝侵略〟にこだわるか』青木書店、より）

以上筆者が調べた事実だけでも、文部省の検定方針がこれらアジア諸国への侵略を教科書で「進出」と書き換えさせようとしていたことは明白であり、当時の文部官僚自身もそれを事実上容認する発言をしています。(4) とすれば、「教科書問題」でもっとも問題とすべきは、当時の（現在も、ですが）政府・文部省（現在の文部科学省）の歴史認識と検定方針であり、極論すれば「華北侵略⇩華北進出」の書き換えが存在したか否か、の問題ではないはずです。それをたった一箇所の「誤報」で、「教科書問題」がすべて新聞の誤報によるものだったとするのは明らかな論理のすり替えといわざるを得ません。

四　三・一独立運動をなぜ『暴動』と呼ばなければならないのか？
——朝鮮民族の民族自決権を事実上否定

こうした体質は次の文章にも見られます。

「……第二の論点は、『朝日』六月二六日に出た表の次の部分である。

検定前　きびしい憲兵政治のもとにおかれ、土地調査事業の名目で農民からの土地のとりあげが行われた朝鮮でも、独立の気運が強まり、（中略）京城（現ソウル）で朝鮮独立万歳をさけぶ集会・デモがおこなわれ、たちまち朝鮮全土に波及した。

検定後　きびしい武断政治のもとにおかれ、土地調査事業の結果多くの農民が土地に関する権利を失った朝鮮でも独立の気運が強まり、（中略）京城（現ソウル）で朝鮮の独立を宣言する集会がおこなわれ、デモと暴動が朝鮮全土に波及した。

……この部分の検定による記述の変化を韓国紙は『三・一運動を暴動と表現した』といっせいに報じ非難した。しかし、この箇所の記述の書き直しは、どう見ても三・一運動全体を『暴動』としたものとはいえないと思う（後略）」（六二頁〜六四頁：なお傍線は筆者）

この三・一独立運動の「暴動」の表現について、韓国紙『東亜日報』は以下のような批判を掲載しています。

「『暴動』といえば、正当性、合法性を伴わない、多数の物理的暴力による既存秩序の破壊を意味する。そうだとすれば、……独立運動は、日本の教科書で規定されたとおり暴動（Violence）であり、その暴動を展開した我が民族は暴徒なのか。

第一に運動の正統性、合理性の基準は、帝国主義の支配を強化しようとする植民地母国と、自由独立を獲得しようとする植民地住民間に、主観的判断が違うはずだ。……第二に三・一運動は、暴力運動であったのか。……独立運動の三大原則、すなわち運動の大衆化、一元化、非暴力化にしたがえば、……明らかに非暴力運動、言い換えれば、平和的示威運動を意図していた。……ただ、三・一運動が全国的に拡散展開される過程で、一部地域では明らかに流血衝突が繰り広げられた。しかしそれは、日本の憲兵警察が、武器を全く持っていない平和的示威群衆に発砲することにより発生した、二次的事件だ。（中略）三・一独立運動の過程の流血衝突の部分的性格転換は、どこまでも日帝の責任であった。」

（朴賢緒漢陽大学教授「我が韓民族すべてを暴徒にする破廉恥」『東亜日報』一九八二年七月二九日付け）

また、日本人の評論家加藤周一氏は次のように批判しています。

「『いいかえ』の、文部省自身による説明は、たとえば次のようである。……朝鮮の三・一独立運動を『暴動』とよぶのは、『暴動』という表現が『決して悪い意味で用いられているわけではない』からである。――このような説明は、むろん中国人・韓国人に納得し難いだろうが、日本人である私にも納得し難い。……『暴動』という言葉が、法と秩序と権力の側から見て、『悪い意味で用いられていない』ことなどないはずだろう。」（加藤周一「教科書検閲の病理」『世界』一九八二年十月号）。

この「暴動」という表現の問題でも、両氏は本質的な問題を提起しています。すなわち三・一独立運動をいかなる視点からみるのか――つまり、帝国主義者、植民地支配者、侵略者の視点からみるのか、それとも民族独立の立場、植民地解放の視点に立つのか――という問題であって、西岡氏の言うような視点から見るのは全くの的外れでしょう。教科書の書き換えを指示した側（すなわち、当時の文部省）がその表現を使用させたことの言い訳でも「悪い意味で用いて」はいない、などと詭弁を弄している以上、「暴動」という表現そのものの妥当性を問題にすべきであって、西岡氏のいうように「全体……云々」は全く関係ないのではないでしょうか。

だいたい、植民地独立運動を「暴動」と呼ぶ感覚こそ、植民地支配者、侵略者の視点そのものではないでしょうか。西岡氏がもし研究者として誠実であろうとするのであれば、この『暴動』という表現について、果たしてこの表現が妥当か否か、明確にすべきでしょう。しかし、その点については自らの見解を述べようとはしない。こうした態度は、これ以後の箇所でも頻繁に現れています。

それでは次に、朝鮮人強制連行の問題に移りたいと思います。

「第三番目の論点は、やはり『朝日』六月二六日の検定前後の変化を示す次の表の部分だ。
《検定前》占領地では圧制・搾取をおこない、中国戦線でもいわゆる『三光作戦』の非難をあび、朝鮮人、中国人を日本本土に強制的に連行し、鉱山などで酷使した。
《検定後》占領地では圧制と収奪をおこなった。日本の過酷な支配に対して、占領地では抗日運動が展開され、日本軍は治安の確保に追われた。

韓国紙は、ここで主として朝鮮人強制連行に関する記述が削除されていることを問題視した。……（中略）ここで注目しなければならないことは、一九八一年に『東亜』が取り上げたのは……問題とされています。八三年度使用教科書への検定とは直接関係がないということだ。……つまり朝鮮人の『強制連行』を中国人のそれと同じように扱うことは当時の国際関係から不適当であるという検定方針は、過去から一貫して続いてきたもので、新しく出されたものでない。」（六四頁～六六頁：傍線南雲）

まずここで問題にしたいのは、傍線の箇所の記述です。

「検定前」では明らかに中国における「三光作戦」、「朝鮮人、中国人の強制連行」などが記されています。にも拘らず、検定後には一切消されています。西岡氏が歴史を真摯に追及する研究者であれば、この問題を本来追及してしかるべきであるのにもかかわらず、この問題を追及しようとしない。しかも、文部省が「過去から一貫して続いてきた方針」が果たして妥当なものなのか、また教科書検定制度そのものについての妥当性には言及せず、問題とすべき文部省の「過去から一貫して続いてきた」検定方針の吟味・検討もしていない。もっぱら韓国紙の「誤報」に問題を矮小化しています。

あらためていうまでもないことですが、メディアの「誤報」そのものは確かに正す必要があります。しかし、「教科書問題」が中国・韓国などで政治問題と化したとき、われわれ日本人に問われていたのは、中国・韓国紙の個々の「誤報」をあげつらうよりも、日本政府と文部省の教科書検定の方針がいかなるものであり、それが歴史的事実と照応するものであるのかどうか、また日本人自身の歴史認識がいかなるものか、ではなかったのでしょうか。だが西岡氏は、それらについて自らの価値判断を述べることを避け、ひたすら問題の矮小化・すりかえに努めています。

最後に、西岡氏の植民地支配への認識を次に記しておきます。

「日本側は（中略）日韓併合条約は一九一〇年から韓国が独立する一九四八年まで国際法上有効であり、それゆえ植民地支配は〝合法的〟なものであったと認識しているのである。……ただし、現在の基準からすると日本の朝鮮植民地支配は『不幸な過去であり二度と繰り返してはならない』ものであると位置づけられ、歴代の首相、天皇らの『謝罪』はその認識の上からなされている。。（中略）日本政府の〝植民地支配の合法性〟に関する公式解釈は、基本的に全く変化していない。……当時の国際法からすると『合法』であったが、現在の基準からすると『不幸な過去』であったということなのだ。……教科書事件を生んだ日韓間の歴史認識上の対立は、今もそのまま残ったままなのだ。……この問題を解決するためには、最低限以下のことが必要であろう。第一は、日韓双方が誤解によって相互不信をつのらせたことを反省し、共通する事実認識に立てるよう努力することである。……第二には双方が、……近代以降の日韓の歴史を当時の世界史の大きな流れの中でどう位置づけるのか冷静に議論しあうことだ」（七一頁〜七九頁）

結局、西岡氏自身は韓国に対する日本帝国主義の植民地支配について、自らの見解を表明しようとしない。それればかりか、「韓国併合」という他民族の国家をそのまま併合するという大問題を「双方が、……近代以降の日韓の歴史を当時の世界史の大きな流れの中でどう位置づけるのか」を話し合えなどと、まるで他人事のように語っています（この体質は、後の章で詳細に述べる佐藤勝巳氏の主張にも共通しています）。一般的にはこういう態度を「卑怯」だといっても過言ではないでしょう。『朝日』や韓国紙を批判する資格があるのでしょうか。

五　韓国人は労働モラルが低い？
――悪いことは何でも「北の」手先のせいに

「Ⅳ　韓国『民主化』の実態」でも、盧泰愚政権による韓国民主化後の社会問題について触れた後、「『楽して儲ける』気分の蔓延」と題して労働モラルの問題についてこう述べています。

「筆者の周囲でも労働モラルの低下の体験談には事欠かない。（中略）九一年東京にある韓国の公的機関の事務室に昼の十二時五分過ぎに電話した。知り合いの韓国人と昼食の約束があり、場所を確認する必要があったのだ。ところが『十二時から一時半まで昼食時間です。ご用の方はその後にまたお電話ください』というテープの声が聞こえるだけ。だれも出てくれない。直通電話番号を聞いていなかったので、たいへん困った。きくと、交換台には本国から来ている女性が二人勤務しているという。」

昼食のための休憩時間を保証されている労働者が、電話交換が仕事とはいえ電話に出る義務がないことは当然のことでしょう。そのこと自体を持ち出して、韓国人の「労働モラルの低下」の「体験談」として紹介するのが果たして適切な論じ方でしょうか。本来、休憩時間をどう使おうとそれは労働者の基本的な権利に属する問題であり、もしその時間に外線がかかってきた際にどう対応するかは、経営者または職場の管理責任者が責任を持って対応すべきことです（当然、管理職が人員配置が必要と判断すればそうすべきであるし、その必要がないと判断すれば留守番電話でもよい、となるのは当然でしょう。そのこと自体がなぜ、「本国から来ている」労働者の「労働モラルの低下」の根拠になりうるのでしょうか？）

この韓国人に対する「モラルの低下」という視点は、あいも変わらず「Ⅳ　日本企業はなぜ韓国が嫌いか」でも踏襲されています。

ここでは特に、韓国へ「進出」した日系企業の撤退問題が取り上げられ、労働問題についてまずこう記されています。

「……全斗煥政権時代までは、労働者たちも企業のトップの命令には絶対に従う権威主義システムが機能していた。……ところが、盧泰愚政権のいわゆる『権威主義の清算』が進められる中で、現場の労働者が上の人間のいうことをきかなくなった」（一二三頁）

西岡氏はこう述べ、さらには「労組の指導者たちの多くは社会主義革命を目指す立場から活動」（一二四頁）などと、これといった論拠もないままレッテル貼りに終始しています。そして極めつけなのは、日本のマスコミでも問題となった『韓国スミダ電機』の撤退問題です。以下引用しましょう。

「日本企業の韓国離れに拍車をかけているのが、韓国スミダ電機株……の撤退をめぐるトラブルだ。日韓両国のマスコミ報道では、FAX一本で解雇通告をするという『非常識な措置』をとった点のみが強調され、日本の本社に押しかけてきた労組員に同情的なイメージが作られてきた。しかし事の実態はそれとはかなりちがう。筆者はスミダ電機社長が八九年一二月韓国労働部長官に提出した上申書を入手している。……少し長くなるが、その中の紛争の経緯の部分を引用しよう」（一三八頁）

西岡氏はこう述べた後、上申書の記述（本書巻末資料に掲載）を全文疑うことなしにそのまま引用してこう続けます。

「韓国スミダは配当金をすべて資本金として再投資し日本には一銭も持ち帰ってこなかったというから、ずいぶん高くついた撤退劇だったわけだ。

この上申書で注目すべきところは、労組に『偽名を使った過激分子』が入って扇動したこと、日の丸の踏み絵を労働者にさせている点だ。先にも触れたが、韓国の労働運動の一部を地下で指導している主体思想派（北朝鮮支持グループ）は、キャンパスの入り口に星条旗や日の丸を描いてみんなに踏ませるという戦術をよく用いてきた。アメリカ帝国主義とそれと結託する日本軍国主義こそが敵なのだというキャンペーンだ」（一四〇〜一四一頁）。

ここで、一般に「事の実態が」違う、という場合、まず事実を正確に把握し、その裏を取ることが先決であることは言うまでもないでしょう。しかし西岡氏はここで、「上申書」そのものが事実だと前提して、韓国スミダの争議問題を論じています。一体こんな姿勢で、居丈高に日韓両国のマスコミの姿勢を批判する資格などあるのでしょうか。

ちなみに私は、この上申書なるものについてこの問題を終始一貫して追及してきた日本人ジャーナリストに問い合わせたことがあります。彼によれば、この上申書なるものはスミダ電機の顧問弁護士が電話で韓国側に間接的に問い合わせて書いたものだという（後にこの人物は、スミダ電機側から弁護士を解任された）。これをそのまま無批判に引用して論じるほうも問題ですが、「事の実態」を論じると大見得を切っておいたわりには、あまりにも西岡氏の文章はお粗末過ぎるといえましょう（なお、ついでに指摘しておけば、この上申書なる代物は、労使間で労働争議の解決の合意がなされたことで、既に撤回されているシロモノです。詳細は、海外進出企業を考える会編『海を越える労使紛争』日本評論社、一九九二年を参照）。

また、スミダ電機の堀内清常務は、当の『朝日新聞』一九九〇年二月二十四日付夕刊でこう述べています。

「――今回の騒動で反省すべき点も多々あると思うんですが。

それはあります。私どもが韓国に進出した頃は、労組というものがなかった。つまり、企業の労務管理や人事管理は国そのものがやっていた。……正直に言って、ああ、これはいい国だと思った時期がありました。しかし、民主化宣言で労組が次々に生まれ、いろんな要求が出てきた。ところが、韓国にある企業の多くは労組について勉強していなかった。労組について勉強していなかった。労組がないのだから、勉強してもしょうがないわけです。そういう点で私どもにも手抜かりがあったなあという反省はあります。」

韓国に労働組合がそもそも存在しない状況では勉強できなかった、そこに手抜かりがあったという意味での「反省」ではあるにしても、労組の要求への対応が問題を含んでいたことは、堀内常務自身がこのインタビューでも認めています。こうしたいわば「記者会見」における発言は、とかく自分の立場を正当化するために誇張や若干の「虚偽」が意図的に混ざることもありますが、当事者が組合側の主張に対して、その一部であれ正当性を認めています。

このことを一体西岡氏はどう考えているのでしょうか。ましてその後で、スミダ以外の日系企業で労働争議が多発していることを取り上げた上、「これらの争議が、反米反日感情を煽り韓日、韓米経済関係を悪化させることを目的とする地下組織の指導で行われている可能性も十分ある」（一四二頁）などと、これといった実証的な論証もなしにレッテル貼りをするにいたっては、悪いことは何でも「北朝鮮」（つまり、共産主義とその手先）のせいにして事足れり、とするかつての「冷戦型」の思考方法となんら変わりはないでしょう。韓国側の「夜郎自大な対日認識」（一四三頁）を問題にする以前に、まず自らの短絡的な思考回路をいい加減改めたほうがいいでしょう。

六　「従軍慰安婦」（日本軍性奴隷）問題について
——「反日日本人」の「やらせ」か？

さて、「Ⅶ　従軍慰安婦問題と日韓条約の真実」に入ります。

まずこの章では、のっけから従軍慰安婦問題の発端が日本人にあるもの、としてこうのべています。

「今回の従軍慰安婦問題の直接のきっかけとなった『韓国人戦争被害者』の訴訟の重大な役割を果たしたのは日本人なのである。……被害者である韓国人の痛みを加害者である日本人が代弁し、訴える——こうした出発点からの歪んだ構図が、従軍慰安婦問題を複雑にし、不透明にしている。……『朝日新聞』をはじめとしたマスコミが、その運動に積極的に肩入れする一方、誤報を重ね、事態をいよいよ悪化させたことも見逃せない。」（一四八頁）

西岡氏はこのように述べ、大分県に住む青柳敦子氏らが中心となって起こした『朝日ジャーナル』（廃刊）掲載の「日本国は朝鮮と朝鮮人に公式に謝罪せよ」（同誌一九八九年一〇月二十日号）の意見広告運動がこの問題の出発点になったかのように述べ、その後九〇年三月の青柳氏の韓国訪問の際に「太平洋戦争犠牲者遺族会」によって行われた「反日デモ」が「きっかけ」となって、この種のデモが頻々と行われるように」（一五四頁）なったとしています。つまり、日本人による日本政府相手の訴訟の訴えが韓国人の反日感情を刺激し、それがデモの契機となり、従軍慰安婦問題もいわば日本人がそれと同じ文脈で起こした問題だといいたいようです。

だがそもそも、「従軍慰安婦」問題はある特定の「反日日本人」（この規定自体、社会科学的にほとんど不明確なものですが）によって火をつけられたなどという性格の問題ではないのです。

本稿では彼女たちに対する、補償要求運動の詳細に深く立ち入る余裕はありませんが、尹貞玉梨花女子大学教授（当時）の独自の調査、在日朝鮮人朴寿南氏らによる映画「アリランの歌――オキナワからの証言」の製作と各地での上映運動、また本岡昭次参議院議員（社会党＝当時、現在民主党）の国会質問に対する政府側答弁への反発、日本の女性団体による取り組みなどが複合的に重なり合う中で、一九九一年の金学順による裁判提訴の運動が日韓両国のマスコミによって注目をあびるに至ったというのが実態でしょう。特に「アリランの歌」の上映運動については、十数万人もの観客動員を記録したとされ、全国的に見ても戦後補償運動の流れを作り出すのに貢献した運動だったといっても過言ではありません。にもかかわらず、西岡氏の論稿では全くといってよいほど触れられていません（意図的な黙殺、あるいは無視でしょうか?）。しかもこの映画に登場するペ・ポンギ氏（故人）については、金学順氏らの提訴以前に、日本政府に対する補償を求める提訴の準備が進められていたという事実があります。不幸にして彼女は提訴以前に亡くなったとはいえ、映画の上映運動がこのような補償運動の流れを作り出す一環となったことはいうまでもないでしょう。断っておきますが、これは「反日日本人」によるヤラセなどというものでは断じてありません。

さらに西岡氏の文章を検討しましょう。

「……本来、この従軍慰安婦問題を考える際は、二つの議論をまずきちんと区分けをする必要があると筆者は考えている。すなわち条約上の権利・義務という観点と、人道主義的支援という観点だ。そして前者の立場から言えば、一九六五年『請求権ならびに経済協力に関する協定』によって日韓間にはもはや補償問題は存在しないと考えるのが妥当なのである。それをもし韓国側が認めないとなると、これは日韓外交関係の根底を否定するような議論といわざるを得ない」(一六八頁)。

西岡氏はこのように述べ、個人への補償については日韓条約によってすべて放棄させられた、と結論付けています。

今日、一九六五年に日韓両国民による国民規模の反対運動を押し切って(日本国会では強行採決)締結された「日韓請求権協定」による三億ドルの「無償供与」および二億ドルの長期低利の「貸付」が、日本政府にとって個々の韓国人戦争犠牲者への「補償」ではなく、「経済的援助」として意図されたものであったこと、またそのことを、日本の経済発展に寄与するものとして外務省官僚が考えていたことは明白となっています。

まず、「日韓基本条約の関係諸協定、日韓請求権ならびに経済協力協定」をここに抜き出しておきましょう。

日韓基本条約の関係諸協定、日韓請求権並びに経済協力協定(一九六五年六月二二日)

(財産及び請求権に関する問題の解決並びに経済協力に関する日本国と大韓民国との間の協定)

日本国及び大韓民国は、両国及びその国民の財産並びに両国及びその国民の間の請求権

に関する問題を解決することを希望し、両国間の経済協力を増進することを希望して、次のとおり協定した。

第一条

① 日本国は、大韓民国に対し、

（ａ） 現在において一〇八〇億円（一〇八、〇〇〇、〇〇〇、〇〇〇円）に換算される三億合衆国ドル（三〇〇、〇〇〇、〇〇〇ドル）に等しい円の価値を有する日本国の生産物及び日本人の役務を、この協定の効力発生の日から一〇年の期間にわたって無償で供与するものとする。各年における生産物及び役務の供与は、現在において一〇八億円（一〇、八〇〇、〇〇〇、〇〇〇円）に換算される三、〇〇〇万合衆国ドル（三〇、〇〇〇、〇〇〇ドル）に等しい円の額を限度とし、各年における供与がこの額に達しなかったときは、その残額は、次年以降の供与額に加算されるものとする。ただし、各年の供与の限度額は、両締約国政府の合意により増額されることができる。

（ｂ）現在において七二〇億円（七二、〇〇〇、〇〇〇、〇〇〇円）に換算される二億合衆国ドル（二〇〇、〇〇〇、〇〇〇ドル）に等しい円の額に達するまでの長期低利の貸付けで、大韓民国政府が要請し、かつ、三の規定に基づいて締結される取極に従って決定される事業の実施に必要な日本国の生産物及び日本人の役務の大韓民国による調達に充てられるものをこの協定の効力発生の日から一〇年の期間にわたって行なうものとする。この貸付けは、日本国の海外経済協力基金により行なわれるものとし、日本国政府は、同基金がこの貸付けを各年において均等に行ないうるために必要とする資金を確保することができるように、必要な措置を執るものとする。

前記の供与及び貸付けは、大韓民国の経済の発展に役立つものでなければならない。

（出典：http://www.cc.matsuyama-u.ac.jp/~tamura/nikkannkyoutei.htm、ゴシックは南雲）

ここには久保田達郎氏が指摘しているように、無償三億ドル、有償二億ドルを日本の植民地支配が行われた三六年間にわたる謝罪、あるいは戦争犠牲者に対する国家補償として使う、などという表現はどこにも見られません（古庄正編著『強制連行の企業責任　徴用された朝鮮人は訴える』創史社、一九九三年）。そうではなく、協定第一条末尾あるように、「前記の供与及び貸付けは、大韓民国の経済の発展に役立つものでなければならない」と書かれています。

そしてこの意味について日本政府は、「これは、この無償貸与及び貸付が、賠償又は請求権の対価として行われることを明らかにし、この目的の沿わない供与や貸付けは、年度実施計画の合意または契約確認の際に、これをのぞくことができるように意図した規定である」（一九六六年三月一〇日『時の法令』別冊「日韓条約と国内法」山口論文四四ページ）と解釈しています。（なお、同様のことは、『季刊青丘』一六号で新延明「〈ドキュメント〉条約締結に至る過程」でも指摘されています）。

また、日本政府の「（従軍慰安婦問題への）補償は法的に解決済み」との主張についても、個人に対する重大な人権侵害を政府間協定で消滅させることは、国際法で言う「ユス・コーゲンス」（強行規範）に違反する、として無効との解釈が国際法の専門家などによって下されています。（Karen Parker, “COMPESATION FOR JAPAN, S WORLD WARVICTIMS_ InTernational Educational Development Inc.1993)。

また国際法律家委員会（ＩＮＣ）は、一九九四年九月に日本政府に対する勧告の中で、個人補償を行うべきだとの勧告を出しています。

さらに、二〇〇〇年に東京で開催された「日本軍性奴隷制を裁く女性国際戦犯法廷」では、日本、韓国をはじめ各国から国際法の専門家、研究者などが出席し、昭和天皇をはじめ旧日本軍将校らに有罪判決が出されました。西岡氏自身が、これを執筆した時点でどう考えていようと、日韓条約は「従軍慰安婦」の補償協定などではないことは、もはや国際常識と考えてよいでしょう（なお、近年韓国の国会でも、日韓基本条約をめぐって再改定の動きがあること、強制連行された韓国国民に対する韓国政府の公式な調査が開始されていること、などもここで指摘しておく必要があります）。

さらに軽視できないのは、「終章　誤解超克の緊急提案」で「従軍慰安婦」問題について以下のようなセリフを平然と述べていることです。

「慰安婦はもともとそのような職であった人たち（「売春婦」のことか？－南雲注）貧しくて売られたりした人たちなのである。……全国各地に『女郎屋』と俗称された売春宿があり、それが軍専属となったのが従軍慰安婦である」（一九四頁）。

元「従軍慰安婦」（日本軍性奴隷）がいったい「もともとそのような職であった人たち」と断定できる根拠はどこにあるのか、はっきりと示してほしいものです。（仮にそうだとしても、彼女たちの「補償」が「日韓条約で解決済み」とする論拠には全くなりえませんが）。

さらに「民間の被害者支援」なる項目では、「日韓のマスコミがまったく書かない重要な事実を指摘しておきたい」（二〇一頁）などとして韓国人B・C級戦犯への故末次一郎氏らの取り組みを紹介し、これを「民間レベルで着実な被害者への支援」などと述べています。だがこの「支援」なるものに対しては、『ビンタン・フサール』（日本の戦争責任を肩代わりさせられた韓国・朝鮮人B・C級戦犯を支える会、以下同会と略）の特別号で李鶴来氏（韓国・朝鮮人B・C級戦犯者の国家補償等請求事件原告団）が、「日本国民の道義心と良識を信じて」と題してこう記しています。（直接には、『文芸春秋』一九九二年三月号の佐藤勝巳現代コリア研究所所長と田中明拓殖大学教授（当時）の対談「謝罪すればするほど悪くなる日韓関係」への反論ですが、李氏の論稿は西岡氏の主張を反駁する上で示唆的な事実を示しています）。

「……韓国・朝鮮人戦犯に関しては財団法人清交会（会長・故田中武雄氏、専務理事・故原田大六氏）台湾人戦犯に関しては財団法人友和会（会長・故木村篤太郎氏、専務理事・末次一郎氏＝現在は故人）を設立して補助金を出し、事態の打開を図った。この結果、韓国・朝鮮人戦犯と台湾人戦犯の各々に数件の一時居住施設ができ、後に都営住宅への入居が可能になった。若干の金員の給付を受けたのも、その延長的な措置であった。しかし、これらは当面の生活保護措置であって、とうてい国家補償に値するものではなかった。しかもこれらの施設は、ほんの一部の者しか利用できないきわめて不十分なものであった。

また、私たちのタクシー事業の免許に関し、日本政府が特別な配慮をしたとの論調にも同調しかねる。（中略）昭和三四年一二月から昭和五三年七月までの間に、法人新免七六社九九七両、個人新免九八三両、既存業者八四三両、計二八二三両が増強された。この七六社の中には引揚者関係二社、駐留軍関係四社、日本人戦犯関係一社、韓国・朝鮮人戦犯関係社一社、台湾人戦犯関係社一社が含まれている。だがこの時、韓国・朝鮮人戦犯、台湾人戦犯関係は各々三〇台の申請に対して、一〇台の免許しか交付されなかった。

昭和三六年八月には……特別配慮による増車による一台もなかったし、もちろん資金援助も全くなかった。」（同誌七頁、一九九二年三月）

そして一時居住施設の問題ついても「釈放後の対策を遅まきながらやっと講じた」ものに過ぎず、タクシー会社の免許に至っては「一般と同じ基準で交付を受けたものであって、対談者（佐藤氏、田中氏を指す――南雲）らが言うように『やってやった』などと『恩義』がましく言えるものではない」（同）という。すなわち西岡氏の言うように、「民間レベルで着実な支援」などとは到底いえないものなのです。

しかもこうした措置は、李氏のいうように「ある特定人のご尽力のみによるものではなく、私たちが各方面に働きかけた結果……ご理解、ご支援いただいたもの」と解すべきであって、ことさら故末次一郎氏らの働きを、鬼の首を取ったかのように強調する性格の問題ではないでしょう（ちなみに、『現代コリア』一九九二年一月号で西岡氏は、同会の会員でもある内海愛子恵泉女学園大学教授（＝当時、現在大阪経済法科大学客員教授）の著作『朝鮮人BC級戦犯の記録』（勁草書房）に対して、末次一郎氏らの活動に触れていないことを「まことに不誠実な研究態度といわざるを得ない」などと罵倒しています。これに対して内海氏は、『季刊青丘』一三号誌上で西岡氏に対して、「二度にわたり、書面での回答を求めているが、期限を過ぎた現在も未だに回答はない」と記しています。自らの編集している雑誌では、相手に対して一方的な非難の類をやっておきながら、その相手から回答を求められてもダンマリを決め込むという西岡氏の「まことに不誠実な」態度こそ、糾弾されてしかるべきでしょう）。

そして日本の戦争責任を追及する、いわゆる「進歩的文化人」に対しては、全くの論拠もなしに憶測と推定でこう述べています。

「現在戦前の日本の『悪行』の告発の先頭に立っている日本人たち（『朝日新聞』、雑誌『世界』及び「進歩的文化人」ら）は、これまでも何回となく意図的な嘘に基づくキャンペーンを展開してきた。七〇年代、中国の文革の実態が明らかになり、ベトナムがカンボジア、中国と戦争を始める中で、彼らが逃げ込んだのが、韓国・朝鮮問題ではなかったか。（中略）

彼らの最後の砦が、過去の日本の韓国・朝鮮への『悪行』への告発になったのではないか。……被害者を助けたいと思うのなら、まずだれがどのような被害を受けたのかという事実を正確に糾明することが第一ステップであるはずだ。ところが彼らはそれをしない」（二〇三頁〜二〇四頁）

「戦前の日本の『悪行』の告発の先頭に立っている日本人たち」（私もその一人のつもりですが）と、在日韓国・朝鮮人は、これまでも「まずだれがどのような被害を受けたのかという事実」の調査は勿論、日本政府の責任を明確にするための調査活動を行ってきたし、さらに国際法の視点からも問題にしてきています。

いくつか例を挙げましょう。まず一九九二年一二月九日に東京で開催された「日本の戦後補償に関する国際公聴会」（同実行委員会主催、日本弁護士連合会後援）では、韓国のみならず北朝鮮、中国、台湾、フィリピン、オランダなどから元「日本軍性奴隷」とされた女性たちが来日し、国連機関の関係者及び国際法の研究者の前で証言を行っています（詳細については、同実行委員会編『世界に問われる日本の戦後処理』東方出版、一九九三年参照）。さらに西岡氏の言う「進歩的文化人」や広範な市民団体で活動する労働者、学生らによって一九九三年に設立された「日本の戦争責任資料センター」は、機関誌『戦争責任研究』の創刊以来、この問題について何度となく特集を掲載しし、かつセミナーなどを活発に開いています。

また西岡氏もかつて会員であった『朝鮮史研究会』は、京都大学で開催された「朝鮮女性史への視点」と題してこの問題を取り上げています。(尹明淑「日中戦争期における朝鮮人軍隊慰安婦の形成」『朝鮮史研究会論文集』第三二集参照)。

さらに先述した、二〇〇〇年一二月に東京で開催された「日本軍性奴隷制度を裁く女性国際戦犯法廷」は、様々な証言、聞き取り、国際法の観点にてらして当時の昭和天皇をはじめとした旧日本軍関係者に有罪の判決を下しました。

こうした一連の取り組みや聞き取り調査、および国際法上の観点から検討することは、「誰がどのような被害を受けたのかという」ことを正確に知る上で、「不可欠の第一ステップである」ことはいうまでもないでしょう。しかし寡聞にして、西岡氏や『現代コリア』研究所所長の佐藤氏らが、この問題で元「日本軍性奴隷」とされた女性たちに聞き取り調査など行ったとは聞いたことがありません。いったいこんな姿勢で、日本の市民団体や「進歩的文化人」の取り組みを非難などする資格があるのでしょうか。

さらに、ベトナム・カンボジア戦争に関して一言述べておきましょう。結論から言えば、これは西岡氏の全くの謬論でしかありません。民主カンボジアのポル・ポト政権は、政権掌握後の一九七五年から一九七九年にかけて、国内で一〇〇万~二〇〇万人ともいわれる自国民を虐殺したばかりか、隣国であるベトナムに対して一方的な侵略戦争を仕掛け、これに対してベトナム軍が、一九七八年十二月ころから、当時ポル・ポト政権に対して反乱を起こした軍人たちが中心になって結成したカンボジア救国民族統一戦線と共同で決起して、民主カンボジアを崩壊させた、というのが真相でしょう（たとえば本多勝一『カンボジアはどうなっているのか?』（すずさわ書店）、一九七八年、同『虐殺と報道』一九八〇年、同『検証　カンボジア大虐殺』朝日文庫、参照）。

また、一九八〇年に中国によるベトナム侵略によって開始された中越戦争に関して言えば、当時の中国の指導者鄧小平氏が、カンボジアのポル・ポト政権崩壊を口実にベトナムに対して「ベトナムに懲罰を加える」として一方的に侵略し、軍人や民間人を殺害したばかりか、民間施設をも破壊したというのが実態でしょう（非武装の日本人ジャーナリスト・高野功『赤旗』特派員もベトナム・ランソン市で取材中に中国軍の銃撃を受け、殉職しました）。西岡氏は、いったいどの程度こういう事実を踏まえた議論をしているのでしょうか。すくなくともインドシナ情勢について韓国・朝鮮問題とリンクして論じるのであれば、もう少しインドシナ諸国を取り巻く客観的な事実や、「進歩的研究者」がどのような業績を積み重ねていたのかを踏まえた上で、議論をするのが研究者として当然の態度でしょう。

結局のところ、「従軍慰安婦」問題にせよ何にせよ、これらの問題を引き起こしたのは、いわゆる「進歩的文化人」（と「反日日本人」）の策動によるものだという、自らの歪んだ「歴史観」（?）に立っているだけではないのでしょうか。そこには、朝鮮民族を初めとした、被害者自らの主体性や決意を持った取り組みを正しく見据え、「日韓の真の友好を願って」（二〇八頁）いる姿勢など皆無、といっても過言ではありません。

以上、西岡氏の著作がいかに偏見、悪意、歪曲、無知、徹底した不勉強に満ちた駄作であるかについて検討・批判してきましたが、もう一つ問題にしたいのは、このような著作について事実上無批判でいた日本の研究者（在日韓国・朝鮮人を含めた）の姿勢です。この問題は、第七章でさらに突っ込んで追及します。

〈注〉

（1）一九八〇年五月一七日の、全斗煥によるクーデターをきっかけに全羅南道光州市を中心に五月一八日から二七日まで展開された民衆闘争。一八日のクーデターに抗議する学生デモ鎮圧のために戒厳軍を投入、市民は軍の暴行に抗議して立ち上がったが二七日に鎮圧された。死者は政府発表で一九三人だが、民間では約一〇〇〇人以上という指摘もある。和田春樹・石坂浩一編『岩波小事典・現代韓国・朝鮮』（岩波書店）より。

（2）たとえば武田幸雄編『朝鮮史』（山川出版社、二〇〇〇年）二七五－二七七頁。

（3）浅井基文「国際関係からみた教科書検定の問題点――教科書裁判（第三次訴訟控訴審）の証言『意見書』より。

第二章　佐藤勝巳現代コリア研究所所長の歴史認識を斬る！

はじめに

「愚者に愚者に応じた答え方をするな、
君も愚者にならぬために。
愚者には愚者に応じた答えをせよ、
愚者が己を賢者だと思わぬために。」

（旧約聖書「蔵言」より）

佐藤勝巳氏は、一九二九年新潟県生まれ。船員組合などの活動を経た後、日本共産党に入党。

日朝協会新潟県連合会事務局長を経た後、病気療養のため転地上京。一九六一年に東京で創設された日本朝鮮研究所事務局長などを経て、現在現代コリア研究所所長、北朝鮮に拉致された日本人を救出する会（略称：「救う会」）会長など。

著書に『わが体験的朝鮮論』（東洋経済新報社）、『崩壊する北朝鮮――日朝交渉急ぐべからず』（ネスコ、文芸春秋社発売）、『北朝鮮　恨の核戦略』（光文社）、『北朝鮮の今が分かる本』（三笠書房）、『朝鮮情勢を読む』（晩聲社）、『日本外交はなぜ朝鮮半島に弱いのか』（草思社）、『北朝鮮による拉致を考える――中学生・高校生に知ってほしいこと』（明成社）などがある。『現代コリア』派のいわば「頭目」として、反北朝鮮キャンペーンの旗手ともいうべき存在。

一　あきれた歴史認識
――佐藤氏の朝鮮半島植民地支配への認識

二〇〇四年四月一八日、東京都内で「拉致被害者の声を受け止める在日コリアンの集い実行委員会」が、「北朝鮮に拉致された日本人を救出するための全国協議会」（救う会）会長・佐藤勝巳現代コリア研究所所長と、日朝国交促進国民協会事務局長・和田春樹東京大学名誉教授との討論を中心としたイベントを開催しました。

筆者は、以前から西岡氏の研究者らしからぬ著作（第一章参照）に不信感を抱いていたため、所長を務める佐藤氏についても重大な関心を持ち、この人物がかつて新潟県民主商工会の役員であり、かつ日本共産党党員であり、また北朝鮮への帰国事業にも日朝協会新潟県連合会事務局長として主体的にかかわった人物であることも、当時の日朝協会関係者などからも聞き取り、また経歴その他についても調べ上げていました。そして、いわゆる「救う会」の会長として日本人拉致被害者の「救出活動」としてマスメディアでその「知名度」を高めていることから、議論の最中、佐藤氏に直接問いただすことを考え、このイベントに参加することを決めました。

ところでこの集会の最中、佐藤氏は和田氏との議論の最中、及び会場からの質問に対して、概略以下のような見解を述べました。

「……私に対する一番多かった質問は、私の植民地認識を糾したものであった。分りやすく言うなら、朝鮮に対する日本の植民地支配を悪かったと思っていないのかどうか、ということであった。」

「(中略)過去の歴史評価を現在の価値観で計るのは誤りである。日韓併合(『韓国併合』といわず、『日韓併合』という表現に注意──南雲)は、一九一〇年であるが、当時の国際関係、当時の価値観で併合の可否を論ずるべきものである。」

「最も非科学的な例は、一九九五年八月に発表された「戦後五十年に当たっての首相談話」(村山談話)である。この談話は現在の価値観から八十五年前の日韓併合などを遡って、謝罪や反省をしています。。こんなことが許されるのなら、一〇〇年、いや五〇〇年、一〇〇〇年も昔のことを現在の価値観で測り、相手国に謝罪や報復をすることが可能となる」

「植民地支配が『悪』であったといって『謝罪』している国は世界中で日本しかない。」

「（前略）かつての被支配国が旧宗主国に向かって、独立して半世紀以上も経過してから植民地支配に対して『謝罪せよ』などといっているのは世界中で韓国と北朝鮮だけである」

「朝鮮半島の植民地支配をどう思うかと問われれば、当時の弱肉強食という価値観からすると否定も肯定もできない、という答えである」

（佐藤勝巳「和田春樹東大名誉教授と討論して思ったこと」『現代コリア』二〇〇四年五月号。なお著作ではふれられていない発言や、細部で一致していない発言については、当日会場に参加した筆者のメモに依拠していることをおことわりしておきます）。

さらに佐藤氏は発言の最中、中国（いわゆる明、清王朝の事か？——南雲）とかつての朝鮮王朝との関係を取り上げ、「中国と韓国との関係はどうなるのか？　それを言い出せば、きりがなくなる」とも述べ、日本の植民地支配と、かつての中国が一五〜一八世紀頃に周辺諸国と行っていた冊封体制の問題とを同一視して、あたかも日本の植民地支配が何ら問題はないかのような発言も併せて行いました。

開き直りとはこのことでしょう。そもそも、かつての中国（明王朝およびその後の清王朝）と、高麗およびその後の朝鮮王朝、そして琉球王国などのアジア諸国との関係は、あくまで東アジアの中世的な秩序の中に於ける「冊封体制」における関係であって、近代的な欧米諸国の植民地支配と比較すること自体が誤りです。

いわゆる中国の冊封体制とは、明王朝の時代初代皇帝として即位した洪武帝が、伝統的な儒教的秩序を確立し、それによって人々の意識を規定する儒教国家の確立をめざしたことにはじまります。この儒教的秩序を、国内のみならず中国を取り巻く周辺民族・諸国（アンナン、高麗、チャンパ、ジャワ、琉球など）に求め、天下の中心に中国を置く「中華思想」や儒教の理念などに基づいて周辺諸国から朝貢（進貢）させ、四夷（東夷・西戎・南蛮・北狄）と呼ばれた周辺の民族・諸国を支配下に取り込む「礼的秩序」（皇帝による冊封使の派遣によって、国王として認める）を構築しようとしたのが実態です。しかしこれはあくまで、中国を中心とする当時の東アジア社会が一つの通行圏（経済的交易を含む）を形成していた、と言うものであって、必ずしも明王朝の外交体制の中に完全に組み込まれてしまうことなく、それぞれに独自の外交方針を堅持し、進貢や冊封による宗属関係に拘束されるものではなかったのです（赤嶺守『琉球王国』講談社、二〇〇四年参照）。

またこれに関連して、田中優子法政大学教授はかつて次のように指摘しています。

「冊封制度とはつまり、東アジア全体をつつむ封建制度である。中国は東アジアで唯一の皇帝をもつ国として、周辺諸国にその家臣である『王』を置き、皇帝ははるばる訪ねてきた王の使者に、そのみやげ物に倍する祝儀を渡し、祖国に返してやるのである。外国が周辺冊封諸国を侵すようなことがあれば、皇帝は兵を出してこれを守ってやる。諸国はその恩義に対して忠誠を誓い、中国のごとき文明国家にならんと、日々、努力をする。——この、軍事侵略の方法をとる帝国とは発想も方法も違う世界秩序の作り方を、『冊封制度』という。まさに儒教倫理に裏打ちされた人間関係であり、人倫の理想をもって確立した外交秩序である。東アジアの歴史とは良くも悪しくも、中国が確立してきた壮大な価値観をめぐる歴史であった」（田中優子「東アジア文化圏の中の琉球」陳舜臣監修『南の王国琉球』日本放送出版協会、一九九二年）。

このように、当時の中国の王朝にとって、周辺のアジア諸国との儒教的観念に基づいた貿易・交易関係が中心であった一五～一七世紀の冊封体制と、曲がりなりにも国際法（幕末～明治初期の表現では「万国公法」）が確立しつつあった一九～二〇世紀を比較すること自体が誤りでしょう。佐藤氏は、あたかも両者を同等のもの——すなわち、朝鮮などの国々が中国の植民地であった——と見なし、日本の植民地支配を問題にすること自体がナンセンスであるかのようなことを、よくもまあいえたものです。

日本の朝鮮半島における植民地支配の過程を考えてみても、王妃であった明成皇后（閔妃）の虐殺、日韓保護協約の強要、ハーグ密使事件、韓国併合に至る過程で、日本側にどんな正当性があったというのでしょうか。その大半が相手国である朝鮮王朝（後に大韓帝国）との信義を踏みにじり、当時の国際法をも踏みにじる事例が大半ではなかったのではないでしょうか。

たとえば明成皇后暗殺については、角田房子『閔妃暗殺』（新潮社）がその過程からその後の状況までを詳細に記しています。もっとも、近年韓国の歴史研究者からは、角田氏の著作に対してはいくつかの疑義が提出されています。（たとえば、崔文衡著、金成浩・斉藤勇夫訳『閔妃は誰に殺されたのか――見えざる日露戦争の序曲』（彩流社、二〇〇四年））。この中で崔氏は、角田の著作が「日本政府は事件と無関係であるということを間接的論法で立証しようとしている」（同書一五五頁）と断じ、日本側の外務大臣陸奥宗光が当時は「外相の席だけ維持していたに過ぎず、全職務を西園寺に譲った状態で日本政府の外交当局者ではなかった。さらに朝鮮問題に関する限り彼の外相業務の委譲と関係なくすでに全権が井上に引き渡されていた。」（同書一五八～一五九頁）として角田氏の見解に真っ向から反駁しています。しかしながら、いずれの見解を取るにせよ、結局のところ、佐藤氏の主張は所詮、当時の帝国主義国家による強盗の開き直りの論理でしかありえないでしょう。

佐藤氏はさらに、この日会場からの在日朝鮮人の質問に応える形で（しかもその質問に対して「（その質問を）手ぐすね引いて待っていた」などと平然と述べる神経には恐れ入りましたが！）、「（植民地支配を問題にするのは）韓国くらいなものだ」「他の国はそんなことは問題にしてはいない」とも述べ、日本による朝鮮半島の植民地支配を事実上擁護しました。

しかし、二〇〇一年に南アフリカ共和国のダーバンで開催された「反人種主義・差別撤廃世界会議」では、地元のアフリカのＮＧＯのみならず、欧米諸国の植民地とされたほかの地域のＮＧ

Oからも、かつての植民地支配や奴隷貿易に対する非難が出され、国際的にも問題にされた（注四）たとえば二〇〇一年一月一五日―一六日にかけて開催された「反人種主義・差別撤廃世界会議」非公式協議（議題三）で採択されたNGO共同声明では、以下のような文章が盛り込まれています。

「私たちは、現代の人種主義現象は、残念ながら今日の世界を悩ましつづけていま何世紀にもわたる陰湿な慣行の表われを含んでいます。と信じています。これらの現象の根本的原因を効果的に解決するためには、私たちはもっと旧い時代を探り、例えば、植民地主義に於けるアフリカの人々の奴隷売買や植民地主義のような、人種主義と人種差別を堅固に強化するのに主要な役割を果たした歴史的事実に取り組む必要がある」

http://www.imadr.org/japan/wcar.ngo.joint.statement.html

また、英国の植民地であったオーストラリア、ニュージーランドでも、先住民族であったアボリジニーやマオリ族から先住民族としての権利と植民地支配に対する謝罪要求が出され、これに対して英国女王が、マオリ族に対して条約違反に対する謝罪声明を出した、という例があります。

http://www.geocities.co.jp/SilKRoad-Oasis/3529/nz_life/maori/intr_m

佐藤氏が、一連のこういった事例を知らないのは勝手ですが、少なくとも「植民地支配が問題にされているのは日本だけ」「それを知らないのは歴史学を知らない者の言う言葉だ」というにいたっては、歴史学の研究者として「不勉強」と指摘せざるを得ないでしょう。

二　「従軍慰安婦」問題で開き直る
――侵略戦争と植民地支配を正当化する佐藤氏の暴論

ところで佐藤氏のこうした「開き直り史観」は、なにも朝鮮半島の植民地支配に限ったことではありません。いわゆる「従軍慰安婦問題」に際しても、この種の認識は殆ど継承されており、「自虐史観」ならぬ「開き直り史観」「居直り史観」で彩られています。以下、佐藤氏自身の論考、発言から抜き出してみましょう。

現代コリアコラム　存在しなかった慰安婦強制連行
佐藤氏（現代コリア研究所長）
（この論文は一九九六年一二月一三日付『夕刊フジ』「社説」欄に「なぜ?今ごろ米国への入国禁止」として掲載されたものですが、一部を省略して紹介します――南雲）

「信じがたいことが起きてきた。一二月三日米司法省は、日本の旧陸軍七三一部隊（細菌研究）関係者と元慰安所経営者一人を含む一六人を米国への入国禁止処分にしたという。戦後半世紀を経過し「なんで今頃」と怪訝に思ったのは、私一人ではなかろう。その後の報道によると二〇〇名の日本人が米国への入国拒否対象に上がっているという。

一体米国は何を考えての措置か、不可解な話だ。（中略）何度も言うが日本の国家権力が「従軍慰安婦」を「強制連行」などしていない。それではは何があったのかだ。（中略）太平洋戦争に突入、日本軍は、中国大陸や東南アジアに戦線を拡大するにおよび、一部売春業者が、これら軍隊を相手に売春業を現地で始めた。売春相手が、民間人か軍人かの違いはあるが「女衒」が娘をカネで買って業者（日本人も朝鮮人もいた）に供給しています。構造に変化はない。

問題は、我国の国家権力が「女衒」と同じことか、または、強制連行したかどうかである。それに該当する資料はなにもない。

「連行」されたと称する人たちの発言を調べたら、どれも「女衒」との関係は推定されても国家権力に「強制連行」されたことを証明できるものはない。あったら証拠を示して欲しい。（中略）こんなことをすれば、外国が、日本国家が慰安婦の「強制連行」を認めたと理解するだろう。橋本政権は、国益のために自覚の過去の誤りを改めることを躊躇してはならない。」

（出典：http://www.modern-korea.net/column/sonota/sonzai.html）

この主張も、所詮は第一章で論じた西岡氏の詭弁と同類でしかありません。すなわち、慰安婦は「強制でない」から、「従軍慰安婦」に補償する必要はない——すなわち「強制連行の証拠（つまるところ、それを命じた文書が）がみつかっていない」のだから、「慰安婦の」「強制」はなかった、ということにつきるわけです。同様なことは、「狭義の強制はなかった」と強弁する現在の内閣総理大臣である安倍晋三首相もです。

あらためて指摘するまでもないことですが、犯罪者が何かを実行する際、文書でかくかくしかじかのことをしろ、と命令しなくても、相手を言葉で巧みに誘い出し、不本意にも行わざるを得ない状況に追い込むことなど充分ありえることです。佐藤氏の主張は所詮、「従軍慰安婦を官憲・憲兵などが暴力的に連行した事例は（文書では）証明されていない（だから「従軍慰安婦」の強制連行はなかった、したがって補償する必要はない）」という目くらましの屁理屈でしかないでしょう。

日本軍「慰安婦」問題の研究者、中央大学の吉見義明教授が指摘しているように、「『戦闘詳報』『陣中日誌』という公文書には、まず書かない。しかし、公文書に記録が残っていないからそういう事実がなかったかというと、もちろんそうではない」（吉見他『歴史の事実をどう認定しどう教えるか』教育史料出版会、一九九七年）ということであって、文書に残らないものは事実でないという発想こそ問題です。もしこの佐藤氏の論理で言えば、佐藤氏をはじめ『現代コリア』関係者がそれこそ「熱心に」取り組んできた日本人拉致事件や、一九八八年に起きた大韓航空機爆破事件に関しても、金日成主席、金正日総書記が特殊機関や、その実行犯とされている金賢姫などにこれらの犯行を指示した文書は残っていない、だから彼らに直接責任はない、ということになるでしょう（また北朝鮮で「よど号」グループの妻になることを強制され、八尾恵氏の証言を集めた手記『謝罪します』（文芸春秋社）も、当人の証言以外、「よど号グループ」の欧州における日本人拉致工作を証明するものがない（文書が存在しない）のだから、信用できない、ということにもなるでしょう）。北朝鮮の特殊機関がそもそも文書など残して日本人拉致など実行しないのと同様、日本軍も「慰安婦」の連行の際に、都合の悪い文書などそのままにしておくことなど考えられないことです。

また、数少ない日本軍の文書にも、内務省が出した文書には台湾総督府が関係していることが明白な文書があります。

内務省警保局・支那渡航婦女に関する件伺・一九三八年一一月四日

「本日南支那派遣軍古荘部隊参謀陸軍航空兵少佐久門有文及陸軍省徴募課長ヨリ南派遣軍ノ慰安所設置ノ為必要ニ付醜業ヲ目的トスル婦女約四百名ヲ渡航セシムル様配慮アリタシトノ申出アリタルニ付テハ、本年二月二十三日ニ内務省発警第五号通牒ノ趣旨ニ依リ之ヲ取扱フコトトシ、左記ヲ各地方庁ニ通牒シ密ニ適当ナル引率者（抱主）ヲ選定之ヲシテ婦女ヲ募集セシメ現地ニ向カハシムル様取計相成可然哉追テ既ニ台湾総督府ノ手ヲ通ジ同地ヨリ約三百名渡航ノ手配済ノ趣ニ有之

記

一　内地ニ追テ募集シ現地ニ向カハシムル醜業ヲ目的トスル婦女ハ約四百名程度トシ、大

阪（一〇〇名）、京都（五〇名）、兵庫（一〇〇名）、福岡一〇〇名）、山口（五〇名）ヲ割当テ県ニ於テ兵ノ引率者（抱主）ヲ選定シテ婦女ヲ募集セシメ現地ニ向カハシムルコト

二、右引率者（抱主）ハ現地ニ於テ軍慰安所ヲ経営セシムルモノナルニ付特ニ身許確カナル者ヲ選定スルコト

三、右渡航婦女ノ輸送ハ内地ヨリ台湾高雄マデ抱主ノ費用ヲ以テ陰ニ連行シ同地ヨリハ大体御用船ニ便乗現地ニ向カハシムルモノトス。尚右ニ依リ難キ場合ハ台湾高雄広東間ニ定期船アルヲ以テ之ニ依リ引率者同行スルコト

四　本件ニ関スル連絡ニ付テハ参謀第一部第二課今岡少佐、吉田大尉之ニ当る

五　以上ノ外尚之等婦女ヲ必要トスル場合ハ必ズ古荘部隊本部ニ於テ南支派遣軍ニ対スルモノ全部ヲ統一シ引率許可証ヲ交付スル様取扱フコトトス（久門参謀帰軍ノ上直ニ各部隊ニ対シコノ旨示達ス）

六　本件渡航ニ付テハ内務省及地方庁ハ之ガ婦女ノ募集及出港ニ関シ便宜ヲ供与スルニ止メ、契約内容及現地ニ於ケル婦女ノ保護ハ軍ニ於テ充分注意ス

七　以上ニ依リ且本年二月十三日警保局通牒シ之ヲ取扱ハシムルコト」

また、沖縄については後述するように、軍部が自ら率先して慰安所の建設を実行し、そのため

に予算までつぎ込んでいることが明白になっています。(本書第三章参照)。

佐藤氏が、一連のこれらの文書を読み込んでいないことは勝手ですが、少なくとも「文書資料」に残っていない、だから「慰安婦の連行はなかった」というのは、それこそ「歴史学を知らないもの」のいう「謬論」としか言いようがないでしょう。

三　日朝友好運動への変質と敵対
——正当化する自らの思想的変節

佐藤氏は、一九五〇年代後半から六四年頃まで、日朝協会新潟県連合会の事務局長として、在日朝鮮人の帰国事業をはじめ、一連の日朝友好運動に携わっていたことを、講演のみならず自らの著作でも触れています(たとえば佐藤勝巳『在日韓国・朝鮮人に問う』(亜紀書房、一九九一年)など)。

なお、ここで北朝鮮への「帰国事業」についての新たな研究動向に若干触れておきましょう。近年、テッサ・モーリス・スズキオーストラリア国立大学教授らによって、赤十字国際委員会と日本赤十字社との間で、いわゆる政治的駆け引きが一九五五年末頃に始まり、民間の「在日朝鮮人帰国協力会」が結成される一九五八年一一月以前に、既に在日朝鮮人の北朝鮮への大量帰還計画が日本政府と朝鮮赤十字会を通じて合意されていた、との見解が出されています。(テッサ・モーリス・スズキ「特別室の中の沈黙――新発掘資料が語る北朝鮮帰還事業の真相」『論座』一九九四年一一月、後にスズキ氏は『北朝鮮へのエクソダス』（朝日新聞社、二〇〇七年）で、北朝鮮への帰国事業は、日本政府が一九五〇年代半ばから「人道的」活動を装って在日朝鮮人の「厄介払い」を進めていたことを指摘しています）。

筆者には、このスズキ氏の論文が指摘している諸事実を精査するだけの資料は現時点で手元にありませんが、少なくとも日本政府の判断として、在日朝鮮人を政治的・社会的に日本社会に在留させておくことに消極的であったことは想像に難くないことです（なお、スズキ氏の論文では、帰国事業の初期段階では北朝鮮よりも日本政府が帰国事業に積極的であったことが指摘されています。『論座』一七八～一七九頁）良心的な日本人が支援した人道的な帰国事業が、結果的に日本政府と北朝鮮政府に利用されたという側面があるにせよ、事業を支援した側に人道上の責任がある、などとする議論は、率直に言ってためにする議論でしかないことも合わせて指摘しておきましょう。

なお佐藤氏は自著の中で、一九六〇年代半ばに病気療養のため新潟から上京して日本朝鮮研究所（後の現代コリア研究所）の事務局に入り、中国共産党の文化大革命を支持していた寺尾五郎氏（故人・元日朝協会専務理事、日本共産党員であったが、中国の文化大革命に同調し、後に日本共産党を規律違反で除名）らと共に活動を共にしていたこと、にもかかわらず、その後文化大革命中の中華人民共和国に入り、その実態を見て「マルクス・レーニン主義と決別した」とも述べています。

その後、佐藤氏は、『現代コリア』誌上などで、かつて所属していた日本共産党の朝鮮労働党との関係悪化を記録した著作を読んだ感想として、「共産主義者とは救いようのない集団だと思った」などと悪罵を投げつけました。しかし、そうした「救いようのない」組織に自らも過去に参加して活動していたにもかかわらず、その組織を抜けて以降の自らの思想的な変化については、どの程度の自己分析・自己総括をしているのでしょうか(『現代コリア』一九九二年八・九月号「編集後記」より)。これでは、佐藤氏が関わったという「共産主義」運動、また『日朝友好』運動とはそもそもいったいなんだったのか。その思想性・無節操ぶりが問われても仕方がないでしょう。

おわりに

佐藤氏をはじめとする「救う会」幹部は、ことさら「拉致被害者救出」の美名の下で、いたずらに「北朝鮮への圧力」「経済制裁の発動」などを日本政府に迫り、北朝鮮側の猛反発と強硬姿勢をわざわざ引き出しています。本来平和的な外交手段によって、粘り強く交渉と説得を続けることで解決の可能性が開ける問題を、強硬姿勢をとることを声高に叫ぶことで両国、両民族間の緊張を煽り立てることは、結局は日本国民の間に北朝鮮に対する不信感と、朝鮮民族に対する排外主義を煽り立て、東アジアにおける軍事的緊張と対立、ひいては第二の朝鮮半島危機をもたらすものでしかないでしょう。

ちなみに、このような見方が、必ずしも筆者一人のものでないことは『統一日報』二〇〇〇年一二月一四日付のジャーナリスト四宮義隆氏の論稿にもみられます。

「佐藤氏を始めとする『救う会』メンバーは正義の原則論をかかげているようでいて、『現代コリア研究所』の「嫌韓・嫌朝・嫌在日」という排外主義の本音をただ貫こうとしているだけでないではないか。（中略）進歩派を封じ込め、在日子弟への差別の再生産には何のコメントもしないという彼らの本音とは、『人道主義』や『人権』を掲げつつ、その実は逆方向のベクトルのようにも見える。そのベクトルとは、皇国史観の回帰や朝鮮などの植民地支配や侵略戦争を肯定し、排外主義を助長している。『新しい歴史教科書をつくる会』と同方向のものではないか。事実、『救う会』幹事（現在は常任副会長――南雲）の西岡力氏は『つくる会』のメンバーでもあり、『救う会』事務局長（筆者注：現在は『特定失踪者問題調査会代表』）の荒木和博氏は『つくる会』がもてはやしている。『親日派のための弁明』という韓国人が書いて話題になった日本の植民地支配を肯定する内容の翻訳者である」（初出は『アプロ21』一一／一二月号））。

アメリカ・ブッシュ政権は、かつてイラク・イラン・北朝鮮の三国を「悪の枢軸」呼ばわりしたばかりか、イラクに対してはフランス、中国など国連常任理事国を含めた多くの国際世論に反対して侵略戦争を実行しました。そして日本の小泉政権（当時）は、こうしたブッシュ政権による侵略戦争を積極的に支持したばかりか、自衛隊をイラクに派遣し実質上米英両国を中心とした占領軍の一翼を担っています。さらに国会では、民主党などの賛同を得て有事関連法案を成立させるに至り、また、二〇〇六年一月に発足した第二期ブッシュ政権の国務長官に指名されたコンドリーザ・ライスは、イラン、北朝鮮のほかに、ジンバブエ、ベラルーシ、キューバなどの国々を「圧制の拠点」と決め付けるなど、その覇権主義的な姿勢をむき出しにしています。しかし、二〇〇六年一一月の米国議会中間選挙では、ブッシュ政権与党の共和党は米国民の審判によって大敗し、ドナルド・ラムズフェルド国防長官は辞任に追い込まれました。いまや、合衆国国内においても、イラク戦争およびブッシュ政権のイラク政策を支持する声は少数になりつつあります。

日本の国内外での困難な政治的状況がある一方で、日本ばかりでなく、韓国でも北東アジアの平和と安定のために多くの市民・平和団体が活動し、北朝鮮との間で存在している懸案——拉致問題、核兵器の問題を含めて——を平和的に解決する努力を模索しています。そうした状況のなかで、佐藤氏らを中心とする『救う会』幹部の一連の発言は、結局は日朝間の外交的・軍事的緊張を増大させ、ブッシュ政権の『圧制の拠点』論に荷担し、拉致問題を始めとする日朝間に存在する諸問題の解決を遅らせ失敗させるといっても過言ではないでしょう。ここではその危険性を指摘していったん締めくくることにします。

（追記）

この討論会の会場で、筆者は数種類にわたる質問を主催者側に対して、最初に佐藤氏に渡したが、会場では主宰者の「独断と偏見」のために、本人から直接回答を得ることはできませんでした。そのため筆者は、集会終了後佐藤氏に直接回答を要求し、口頭で「後で回答する」旨返事をもらいましたが、今日に到るも本人からの回答はありません。こうした同氏の一連の「不誠実な」対応は、会場での佐藤氏の発言そのほかと合わせて筆者の脳裏に強く焼きつくものとなりました。

第三章　新井佐和子氏、豊田有恒氏、櫻井よしこ氏らを斬る！

一　日韓条約で「従軍慰安婦問題」は「解決」したのか？
――新井佐和子氏の主張について

第一章で筆者は、「従軍慰安婦」問題を『現代コリア』西岡力編集長がどのように論じているかについて取り上げたましが、ここでは同じ『現代コリア』一九九二年一月号に掲載された新井佐和子氏の論考を取り上げてみましょう。

執筆者の新井佐和子氏（生年不詳）という人物は、かつて第二次世界大戦後サハリンに残留を余儀なくされた韓国人の帰国運動に携わり、その後運動の事務局から離れて『現代コリア』『正論』などに度々執筆するようになった人物です。『サハリンの韓国人はなぜ帰れなかったのか――帰還運動にかけたある夫婦の四十年』（一九九八年、草思社）などの著書があります。

慰安所は必要悪？慰安婦は売春婦？

まず従軍慰安婦問題についての、新井氏の主張を検討してみます。（引用文の冒頭に記された丸数字は南雲）

「……①当時軍の慰安婦担当係りをしておられた方の証言にもあったように、民間業者に任せておくと暴利を貪るので軍が（慰安所を＝南雲注）管理するようになったというのが真相ではないかと思います。（中略）②女性の身としてこのような行為は容認し難いものですが、慰安婦制度は戦争という異常な状況下で風俗面での弊害を最小限に留めるためにとられたギリギリの選択であって必要悪だった……③韓国の元従軍慰安婦三人が、……提訴しています。そうです。その弁護士は『人道に対する罪』と糾弾していますが、強姦ならいざ知らず、お金を払っての買春行為が人道上の罪とされるならば、……この種の出稼ぎ者に対してパートナーとなった男性は、……いつの日か補償を要求されることになりかねません。（略）④裁判とは立証するものがなければ勝ち目はなく……だからこそ、すべての償いを清算した日韓基本条約が結ばれたのです。もし彼女たち（元従軍慰安婦たちの事を指すのか？＝南雲）がそのような現実を認識させられないまま無理矢理引張り出されて運動家の自己満足の為の道具にされてしまっているとしたら、あまり

にもみじめです。」（「従軍慰安婦問題に思う」『現代コリア』一九九二年一月号）

ここには二重、三重の意味で論理のすり替えと、誤魔化し、開き直りがあります。

まず①についてみましょう。いわゆる「慰安所」を旧日本軍がその管理のみならず、率先してその設営・運営に携わった張本人であることは以下の事実でも明らかです。

> 要塞建設勤務第六中隊命令(1)　五月二十四日　一二、〇〇
> 　伊江島兵舎
> 一、中隊ハ明二十五日建設中ノ兵寮ヲ物品販売所ニ改築シ新ニ慰安所ノ建設作業二任ゼントス（中略）……
> 一、中隊ハ前日ニ引続キ午前中左ノ各作業ヲ実施セリ
> （イ）　〇〇伍長以下八七名ハ慰安所建築敷地ノ整備ニ従事セリ
> 進度　敷地ノ積土及埋立敷地ヘノ道路一〇〇米補修
> 実働時間　三時間三〇分

この文書は、沖縄に駐屯していた第六中隊の陣中日誌に「軍事秘密」と表記された文書の中から出てきたものです。

さらに、国頭支隊においては、軍の作戦命令として次の文書が出されています。

平山隊命令(2)　　一月十四日　　一八、〇〇
船　窪　台
一、国頭支隊ハ慰安施設増強ノタメ一月十六日ヨリ約十日間ノ予定ヲ以テ真部山陣地内ニ兵寮ヲ築造サントス。
二、中隊ハ之ガ築造ノ為一部兵力ヲ差出サントス。
三、指揮小隊及戦砲撃隊ヨリ各々兵一名ヲ差出シ一月十六日〇八、〇〇迄ニ満名運立橋ニ至リ第二歩兵隊中島主計大尉ノ指示ヲ受ケ右作業ニ参加セシムベシ。
服装ハ単独ノ軍装トシ昼食土光器具（円匙、十字鍬各一）ヲ携行トス。

なお沖縄においては、このほかにも第三二軍が編成され、部隊の移駐がなされる一九四四年四月以降、兵舎の確保と同時に公民館などの公的施設だけでなく、民間家屋や空き家をも慰安所として確保されていきました(3)。さらに、朝鮮人「慰安婦」の移送も、軍の荷役、工事などのために動員された朝鮮人軍夫が連行されてきた一九四四年八月頃に相次いで上陸したとされています(4)。さらに、沖縄戦開始後に戦闘に巻き込まれた「慰安婦」たちは、戦後韓国に送還された人数などから全体の生存率は三分の一、ないしは四分の一程度だったと推定されます(5)。

このような記録文書、及び沖縄現地における実態調査を検討すれば、旧日本軍が慰安所の管理

だけでなく、積極的に設営・運営に携わっていたことは明白です。それに対して新井氏は、「慰安婦」の実態調査を自らどのように調査したというのでしょうか。

次に②にうつりましょう。そもそも「戦争という異常な情況」を作り出したのは、アジア・太平洋地域への侵略戦争を引き起こした当時の大日本帝国・及び軍部にあるのであって、「その弊害」をもたらした根本的な戦争責任（とその責任者）を追求しようともせず、慰安所の存在を「必要悪」などと認識していること自体が問題でしょう。その後の公式記録にもあるように、戦場で「慰安所」なるものが設置されても、日本軍兵士による強姦行為などは止むことはありませんでした。「慰安所」の設置によって、いったい「風俗面での弊害」とやらを「最小限に留め」たというのか、その根拠をぜひ新井氏には明確に論証してほしいものです。

③について。これについては「強制連行された輪姦被害女性[6]」と表現するのが最も正確な表現であって、おおよそ「売春行為」などと捉えることが間違っています。そもそも、本人の自由意志で「売春行為」を「仕事」（！）として承諾したわけでもなく、直接・間接に強制連行され、「性的慰安」を強要された朝鮮人女性への行為が、なぜ「人道に対する罪」に問われないで許されるのでしょうか。

それどころか、現在も続いているいわゆる「買春問題」もまた、性格の違いはあるにせよ、同質の問題を内在させていることは、いまや多くの人々が指摘しています[7]。

最後に④です。まず新井氏のいう「すべての償い」とは一体何を指す言葉なのでしょうか。韓国政府に対する国家レベルでのいわゆる「賠償金」を支払ったことを指すのか、あるいは経済協力への資金援助なのか、さらに、植民地支配の下での朝鮮人戦争犠牲者にたいする個人補償なのか、一切明確にしていない。結論から言えば、一九六五年の日韓基本条約と、日韓請求権協定は日本政府による韓国政府に対しての経済援助でしかなく、元従軍慰安婦をはじめとした個々の戦争被害者への補償は含まれていないと見るべきでしょう。新井氏の主張は所詮、過去の日本帝国主義によるアジア・太平洋地域への侵略戦争を事実上免罪し、植民地支配を擁護する強盗の論理でしかないといわれても反論の余地はないでしょう。

二　いいかげんにしませんか？　豊田有恒氏

——開き直りの小説家の誤謬を糾す

まず豊田氏の経歴について簡単に概観しておきましょう。一九三八年群馬県前橋市生まれ。慶應義塾大学医学部を退学したのち、武蔵大学経済学部卒。作家、翻訳家ノンフィクション・ライターなど、執筆業をつとめる。江上波夫東大名誉教授（故人）を会長に戴き、金達寿氏（作家・故人）、後藤孝典（弁護士）、鈴木武樹氏（明大教授・故人）らとともに、市民運動「東アジアの古代文化を考える会」を創設し、二代目の事務局長を勤める。大平正芳内閣政策諮問委員、電電公社民営化諮問委員、同ＩＮＳ部会委員、筑波科学博覧会政府展示館出展委員などを歴任。ＳＥ

ＡＰ（東南アジアプロモーション）センターアドバイザーなどを経て、現在、島根県立大学総合政策学部教授。

豊田有恒氏といえば、ある程度の年代の人間にはまず「８マン」や「宇宙戦艦ヤマト」などの作品に関わったＳＦ作家というイメージが浮かぶでしょうが、一方で古代史小説の分野や、韓国・朝鮮問題に関する著作を出していることでも知られています。本書はこの人物が、日本の植民地支配とその犯罪性について自らの歴史観を展開したものであるといっても過言ではないでしょう。以下、その内容について追ってみていくことにしましょう。

真の理解者？　井沢元彦氏のたわごと

まずカバーには、作家井沢元彦氏が「真の理解者を怒らせた韓国」と題して推薦文を載せています。そこにはこう述べられています。

「とうとう韓国は、豊田有恒さんまで怒らせてしまったのか。本書を一読して、面白さに感嘆すると同時に、少々絶望的な気分になった。豊田さんは、一部の〝進歩的な〟マスコミが、韓国や韓国人に対して、中傷としか思えないようなデタラメな報道をしていた頃から、韓国の真の姿を伝え、友好につとめてきた。（中略）韓国側にひとこと言いたいのは、もしこれを『妄言』などと決め付けるなら、『日韓友好の将来に明日はない』ということだ」

肝心の中身の検討を、本当に行ったかどうかはともかく、本書を分析すればその詳細は明らかです。早速中身の検討に入っていきましょう。

まえがきについて――「日本人の誠意」とは？

まず冒頭で豊田氏は、「まえがき」のなかでこうのべています。

「ぼくは、日韓友好を願う点では、人後に落ちないつもりだ……だが、このところ韓国にうんざりし始めた。韓国の対日非難が、年を追うごとに激化しているからである。……これでは、日本人がいくら誠意を尽くしても、暖簾に腕押しになってしまう」（三頁）。

ここでは「日本人」（といってもどういう「日本人」を指すのかは全く明白ではありませんが）の「誠意」が「尽くされた」とはいかなる状況の事を指しているのかは、全く論証されていません。そして第二章「日本に背を向けた韓国経済」では、西岡氏の著作で触れられているスミダ電機の労使紛争（第一章を参照）についてこうも述べています。

「ひところ、日本でも話題になった日本企業の給料未払い問題というのがあり、撤退した日本企業の韓国人従業員が、日本までやってきて、涙の訴えをするという場面が、マスコミで大々的に流された。ファックス（ママ）一本で、解雇されたと報道されたりもした。だが、実情は、かなり違うようだ。日本側は、精一杯の努力を行ったらしい。だが、労使交渉のたびに賃金が競りあがっていく。つまり相手が日本企業だから、お得意の日帝三六年間という台詞を持ち出せば、いくらでも取れると踏んだようだ。一般の韓国企

業の数倍にものぼる高賃金だったという。（中略）」（傍線筆者）

韓国スミダ電機の撤退問題については既に触れたので繰り返しませんが、豊田氏の論調は作家としての自らの独自調査らしいものはほとんどなく、「……らしい」「……ようだ」「……だったという」というように、その殆どが伝聞で論じられています。（もっとも「まえがき」では、「本書の執筆に際し、『現代コリア』誌の佐藤氏、西岡氏のご厚意で、資料、アドバイス等、少なからぬご協力をいただいた。」とあることを読めば、なるほどと納得は出来ますが）。少なくとも、小説のようなフィクションを書くのならともかく、事実を論じるのであれば、自ら調査・取材をするべきだと思うのですが、豊田氏にはそういう感覚すら存在しないようです。

こうした豊田氏の姿勢は、以下のような「日韓併合」の問題についても現れています。

「歴史にもしもは、禁物だという。だが、もし、日本が、朝鮮を支配しなければ、当時の帝国主義の世界で、朝鮮が独立しなければ、当時の帝国主義の世界で、朝鮮が独立を保ちえたという保証は、何一つない。日清戦争では中国と、日露戦争では帝政ロシアと、日本が戦ったことにより、これら両大国の存在が、朝鮮半島から後退した。……もし、そうでなければ、この両大国どちらかの植民地にされていただろう。……文字通り、完全な植民地として、収奪の対象にされていたはずである」（一五一～一五二頁）

ここには、中国、ロシアに変わって日本が朝鮮半島を植民地にした、ということについての認識はほとんどみられません。さらに、他の国が弱小国を植民地にしているのだから、自分たちが

「支配」（実質は韓国併合だが）することがなぜ悪いのか、という論理でしかないでしょう。

もっとも、この点に関して豊田氏はこう開き直ります。

「日本の悲劇は、……朝鮮半島を、植民地として、取り扱わなかった点にあるのだ。……少なくとも、初めから植民地として経営しようなどとは、夢にも思っていなかった。ここに悲劇があった」（一五〇頁）

この点に関しては、数々の先行研究があるのでいちいち触れることはしませんが、中塚明『歴史の偽造を正す』（高文研、一九九八年）では、日清戦争の際に起きた景福宮（当時の朝鮮王宮）の占領の際に、朝鮮国王を人質に取り、且つ親日政権を樹立しようとしたことが論証されています。さらにこの事件は、従来言われてきたような「偶発的な事件」などではなく、参謀本部の計画的な犯行だったことであることも論証されています。

豊田氏が中塚氏のような実証分析に必要な資料を入手できないのはやむをえなかったにしても、「少なくとも、初めから植民地として経営しようなどとは、夢にも思っていなかった」と断言するのであれば、その根拠を明確に示す責任があるはずです。それすらできないのでは、日韓関係、とりわけ植民地支配の過程について論じる資格など全くないといえるでしょう。

その後の豊田氏——私信でのやり取りから判明した体質

豊田氏はかつて、筆者が祥伝社の編集部を通じて送った西岡氏批判を添えた私信の中で、氏の韓国認識を問いただしたのに対して、「小川編集長（版元の祥伝社の編集部長―南雲）を電話で脅すようなまねは、おやめなさい」などと言いがかりまがいのセリフを記し、あげくのはてには「北朝鮮では何百万人もの人間が死んでいるのです」云々と、あたかも当方が北朝鮮の支持者であるかのような文面で罵倒し、さらには「よく反省しなさい」などと締めくくってきました。一体、西岡氏批判の拙稿（第一章参照）を送られたくらいで、なぜ私を北朝鮮シンパ（ないしは支持者）と判断できるのか、その論理的思考能力を疑わせるような発言ができるのか、全く理解できませんが、基本的にこの「作家」は自分の考えに同調できない人間に対しては、このようなレッテルを貼ることしか出来ないのでしょう。

三　ＧＨＱが米兵相手の「慰安所」設立を日本政府に要請？
――櫻井よしこ氏らの誤謬

ところで近年、日本軍「慰安婦」問題が海外のマス・メディアや人権団体に取り上げられるようになって以来、国内の一部の政治家・知識人などにはこれに対する反発・反感のうごきも出てきています。

その極めつけともいうべき文章が、今年（二〇〇七年五月）に『ワシントン・ポスト』に掲載された「事実（ＦＡＣＴＳ）」という意見広告です。

いちいちその全文について反論することは本章の目的ではありませんが、この中で「事実5」という箇所に、見過ごせない誤りがあるので指摘しておきましょう。

「事実5

（前略）慰安婦は良好に処遇されていたとの証言も多数ある。女性に対する暴力行為で処罰された兵の記録もある。自国兵士による一般市民の強姦を予防するため、軍用の売春施設を設置した国は多い。（例えば、一九四五年に占領軍当局は日本政府に対し、米兵による強姦を予防するため、衛生的で安全な「慰安所」を設置するよう要請した。）」

しかし、実際にはGHQがこのような要請を日本政府に対して出したという事実はありません。ここでいう「衛生的で安全な『慰安所』」とは、おそらく「特殊慰安施設」（RAA＝Recreation and Amusement Association）を指すと思いますが、RAAの発端は一九四五年八月十八日に、日本政府の内務省警保局長が各庁府県長官に対して「進駐軍特殊慰安施設について」の無電通牒を出したことに始まり、各府県に対して、占領軍の進駐に備えて「公用慰安婦募集並びに配置換え等がおこなわれた」というのが事実です[8]。そして、いわゆる「花柳界」の業者代表によって株式会社RAA協会が結成されたのは八月二六日であり、二九日に警視庁がこれを認可しているのです。

この意見広告には、いわゆる日本軍「慰安婦」の国家補償要求に否定的、またはその存在そのものを否定的に見る政治家、評論家に加わって、櫻井よしこ氏や一部の大学教授、『現代コリア』

関係者も名前を連ねていますが、この実例だけを見ても、彼らがいかに「慰安婦」問題に対して実証的な調査や研究を怠っているか、お分かりになるでしょう。櫻井氏らをはじめ、この意見広告に名前を連ねた評論家、ジャーナリストそして政治家たちは、「事実」を本気で追及する気があるのでしょうか。

〈注〉

（１）吉見義明編集・解説『従軍慰安婦資料集』（大月書店、一九九二年）三八八頁～三九〇頁。なお原著では引用文に記された伍長の名前は実名だが、本稿では匿名とした。

（２）同書、四〇五頁。

（３）賀数かつこ・河名恵子・浦崎成子・伊良部佳恵・仲村宏子・小松瑠美子『沖縄――戦争と女性――「慰安所マップ」が語るもの』（一九九二年、全国女性史研究交流のつどい）。

（４）福地広昭『オキナワ戦の女たち、朝鮮人従軍慰安婦』（海風社、一九九二年）。

（５）前出の賀数他の報告によれば、日本人を含めた「慰安婦」の人数は五百五十五人。そのうち朝鮮人の数は四一九人と推定しています。なお、筆者が調査した資料、GHQ/SCAP, "Area Case Files: Ry-p, Rosters of korean POW Detachments＿, Feb.1946（国立国会図書館憲政資料室所蔵）に記載されています。朝鮮人捕虜の名簿の中には、一六四名の朝鮮人女性の名前が記されています。これらの女性すべてが「慰安婦」だったとすると生存率は約四〇％弱となりますが、これもあくまで推定値です。

（６）芝田進午編著『戦争と平和の理論』（勁草書房、一九九二年）iii頁。

（7）たとえば、加納実紀代「一九九三年・八月・三題」（『インパクション』八二号）など。
（8）労働省婦人少年局『売春に関する資料』（婦人関係資料シリーズ一般資料、第二三号、一九五三年）参照。

第四章　拉致問題への日本政府の対応の問題点

――なぜ問わぬ「放置責任」

さて、これまでも述べてきたように、日本人拉致問題についての基本的な視点は、勿論引き続き日朝間で被害の当事者、そしてその家族が納得するまで徹底した調査と、北朝鮮側による謝罪、そして補償が必要不可欠な問題です。しかしそれと同時に、一方で日本政府がこの問題に過去どのように取り組んできたかについて、法的・道義的にも問われる必要があります。以下、この問題について国会答弁の資料を基に検証しましょう。

まず日本人拉致問題が国会で取り上げられた際の、日本政府の対応についてみていきます。（以下、橋本敦、木島日出夫両氏は日本共産党所属の参議院議員、衆議院議員、政府委員の城内康光氏は警察庁警備局長、奥村説明員は警察庁長官官房審議官＝いずれも当時、なおゴシックは筆者）

このときの国家質問で、共産党の橋本議員は大韓航空機爆破事件に関連して、その教育係にあたったとされる「李ウネ（恩恵）」と名乗る日本人についての質問を行いました。その詳細は以下の通りです。

○橋本敦君　これは、警察としてはこの恩恵なる人物は日本女性で、日本から拉致された疑いが強いと見ているんじゃありませんか。
○政府委員（城内康光君）　お答えします。
　そのように考えております。
○橋本敦君　それが事実はっきりいたしますと、これはまさに外国からの重大な人権侵犯事件であり、我が国の主権をも侵害する重大な事犯の可能性を含んでいる重大な事件である。ですから、これがはっきりしますと、当然本人の意思を確認して、主権侵害の疑いがあれば原状回復を要求するなど、政府としての断固たる措置をとる必要がある。
　外務大臣、今までの捜査の経過、答弁をお聞きになってどう御判断でしょうか。
○国務大臣（宇野宗佑君）　警察当局からの答弁どおり、ただいま鋭意捜査中でございますから仮定の問題なのかもしれません。しかし仮に、真相究明の結果主権が侵害されたということが確認された場合には、当然日本は主権国家でございますから、それに対する措置を講じなければならない、かように考えています。
○橋本敦君　国家公安委員長として、この恩恵の拉致事件についてどう御判断ですか。
○国務大臣（梶山静六君）　問題の女性の身元割り出しは困難な面があることは否めないことでありますけれども、日本から拉致をされた疑いの持たれることから、事態の重大性にかんがみ、今後とも国民の協力を得つつ力を尽くす所存でございます。
○橋本敦君　拉致事件について言いますならば、単に問題はこれだけではなくて、昭和五十三年七月と八月、わずか二カ月間に四件にわたって若い男女のカップルが突然姿を消すという事件が立て続けに起こっているのであります。これは極めて重大な事件でありますが、福井、新潟、鹿児島そして富山、こうなりますが、一件は未遂であります。

警察庁、簡単で結構ですが、この三件の事件の概要について述べてください。

○政府委員（城内康光君）　お答えいたします。

まず、五十三年の七月七日に福井県の小浜市で起きました男女の行方不明事件についてでございますが、当該男性は七月七日に同伴者とデートに行くと言って軽貨物自動車で家を出たまま帰宅しなかった。自動車はキーをつけたままの状態で発見されております。当該女性はデートに行くと言ったまま帰宅しなかったけれども、この同伴者と結婚することになり大変喜んでいた状況がございまして、自殺することは考えられません。

それからまた、同年七月三十一日に新潟県の柏崎市で起きた事件でございますけれども、やはり当該男性が家の者に、ちょっと出かけてくる、自転車を貸してくれと言って自転車で出かけたまま帰宅しなかった。自転車は柏崎の図書館前に置いてあったのが発見されたわけであります。当該女性は、勤務先の化粧品店で仕事が終わった後、同伴者とデートすると店の従業員に話しておりまして、これも家出などの動機はございません。

それから三つ目に、同年八月十二日に鹿児島県で起きた事件でございますが、当該男性は同伴者を誘って浜に、海岸に夕日を見に行くと言って出たきり帰宅しなかったということでございます。十四日の日に、その浜のキャンプ場付近でドアロックされたまま車両が発見されております。女性も家の者に、同伴者と浜へ、海岸に夕日を見に行くと言って出たままであるということで、これも動機はございません。

それから、富山県で起きました未遂事件のことでございますけれども、この事件につきましては、八月十五日の午後六時三十分ごろ、海岸端を歩いていた被害者である男女が自分たちの乗車してきた自家用車の駐車場に帰るために防風林の中を歩いていたということで、そうしたら前方を歩いていた四人組がいきなり襲いかかって、防風林内に引きずり込んでゴム製猿ぐつわあるいは手錠、タオル等を使用して縛り上げて、それぞれ寝袋様のものに入れたと。そして現場から数十メートル離れた松林内に運んで放置したということで、原因はわかりませんがその四人組はいなくなりまして、その後その男女は別々に自力で脱出いたしまして一一〇番した、こういう事件が発生しております。(中略)

○橋本敦君　ところで話は変わりますが、大阪でコックをしていた原さんという人が突然誘拐されたらしくて所在不明になった。ところが、この原氏と名のる、成り済ました人物が逮捕されてこのことがはっきりしてきたという事件があるようですが、警察庁、説明してください。

○政府委員(城内康光君)　お答えします。

ただいま御質問にありました事件は、いわゆる辛光洙事件というものでございます。これは韓国におきまして一九八五年に摘発した事件でございます。その事件の捜査を韓国側でやったわけでございますが、私どもはＩＣＰＯルートを通じてそういったことを掌握しておるわけでございまして、それによりますと、一九八〇年に、大阪の当時四十三歳、独身の中華料理店のコックさんが宮崎の青島海岸付近から船に乗せられて拉致されたというような状況がわかっております。

○橋本敦君　辛光洙とはどういう人物ですか。

○政府委員（城内康光君）　お答えいたします。

本件につきましては、私どもの方で捜査をしたわけではございませんので十分知り得ませんが、私どもとしては恐らく不法に侵入した北朝鮮の工作員であろうというふうに考えております。

○橋本敦君　共犯があると思いますが、共犯者はどういう名前ですか。

○政府委員（城内康光君）　お答えいたします。

共犯者としては、名前が出ておりますのは、同じく北朝鮮工作員の金吉旭という名前が出ております。

○橋本敦君　その金吉旭は、日本女性の拉致という問題について何らか供述しています。という情報に接しておりませんか。

○政府委員（城内康光君）　お答えいたします。

この北朝鮮工作員金吉旭が一九七八年に次のような指示を上部から受けておるということを承知しております。すなわち、四十五歳から五十歳の独身日本人男性と二十歳代の未婚の日本人女性を北朝鮮へ連れてくるようにという指示を受けていたということでございます。

○橋本敦君　それらが事実とするならば、恐るべき許しがたい国際的謀略であると言わなければなりません。（中略）
○橋本敦君　外務大臣、自治大臣にお聞きいただきたいんですが、この三組の男女の人たちが行方不明になってから、家族の心痛というのはこれはもうはかりがたいものがあるんですね。（中略）
こういうことで、この問題については、国民の生命あるいは安全を守らなきゃならぬ政府としては、あらゆる情報にも注意力を払い手だてを尽くして、全力を挙げてこの三組の若い男女の行方を、あるいは恩恵を含めて徹底的に調べて、捜査、調査を遂げなきゃならぬという責任があるんだというように私は思うんですね。そういう点について、捜査を預かっていらっしゃる国家公安委員長として、こういう家族の今の苦しみや思いをお聞きになりながらどんなふうにお考えでしょうか。
○国務大臣（梶山静六君）　昭和五十三年以来の一連のアベック行方不明事犯、恐らくは北朝鮮による拉致の疑いが十分濃厚でございます。解明が大変困難ではございますけれども、事態の重大性にかんがみ、今後とも真相究明のために全力を尽くしていかなければならないと考えております し、本人はもちろんでございますが、御家族の皆さん方に深い御同情を申し上げる次第であります。
○橋本敦君　外務大臣、いかがでしょうか。
○国務大臣（宇野宗佑君）　ただいま国家公安委員長が申されたような気持ち、全く同じでございます。もし、この近代国家、我々の主権が侵されておったという問題は先ほど申し上げましたけれども、このような今平和な世界において全くもって許しがたい人道上の問題がかりそめにも行われておるということに対しましては、むしろ強い憤りを覚えております。
○橋本敦君　警備局長にお伺いしますが、これが誘拐事件だとして、時効の点を私は心配するわけであります。（後略）
○**政府委員（城内康光君）　お答えいたします。**
まず、一連の事件につきましては北朝鮮による拉致の疑いが持たれるところでありまして、既にそういった観点から捜査を行っておるわけであります。

一般論としてお答えいたしますと、被疑者が国外に逃亡している場合には時効は停止しているということが法律の規定でございます。
○橋本敦君　（前略）私は、政府として、こういう重大な主権侵害事件として、これから事実が明らかになるにつれて毅然たる態度で原状回復を含めて処置をしていただきたいということをもう一度重ねて要求するのでありますが、いかがですか。
○国務大臣（宇野宗佑君）　先ほども御答弁申し上げましたが、繰り返して申し上げますと、ただいま捜査当局が鋭意捜査中である、したがいまして、あるいは仮定の問題であるかもしれぬ、しかしながら、仮にもしもそうしたことが明らかになれば主権国家として当然とるべき措置はとらねばならぬ、これが私の答えであります。（中略）

○橋本敦君　（前略）我が党も、相手がどこの国であれテロや暴力は一切許さないという立場で大韓航空機事件でも対処しているわけですが、そういう立場で、これらの人たちが救出されること、日本政府が毅然とした対処をとることを重ねて要求したいのでありますが、そういう問題について法務大臣の御意見を伺っておきたいと思います。
○国務大臣（林田悠紀夫君）　ただいま外務大臣、国家公安委員長から答弁がありましたように、我が国の主権を侵害するまことに重大な事件でございます。現在警察におきまして鋭意調査中でございまするので、法務省といたしましては重大な関心を持ってこれを見守っており、これが判明するということになりましたならばそこで処置をいたしたいと存じております。

以上のように、この国会答弁の時点（一九八八年）で日本政府（梶山国家公安委員長＝当時）は、三組のアベックの拉致事件（蓮池薫夫妻、地村保志夫妻）を北朝鮮による犯行が濃厚と答弁し、捜査の続行を国会答弁で約束しています。ところが、これが一〇年後の国会答弁では、以下のような形になっています。（木島委員とは日本共産党の木島日出夫衆議院議員のこと）
○木島委員　（前略）実は起きた時期は古い時期でありますが、一九七七年から七八年にかけて日本海海岸で頻発して発生した日本人拉致事件について、いまだに解決しておりませんので、最初にその問題についてお聞きをしたいと思います。

最初に、警察庁をお呼びしております。昨年の警察白書で、警察庁は初めてこれら一連の日本人拉致事件を北朝鮮による拉致容疑として指摘をし、七件十名について触れております。その七件について、概要、そして警察白書以降の捜査その他の状況をまず御報告願いたい。

○奥村説明員　お答えをいたします。

北朝鮮による拉致の疑いのある事件は、これまでに御指摘のとおり七件十人でございまして、また、拉致が未遂であったと思われるものは一件二人であると判断しております。

その内訳を申し上げますと、昭和五十二年九月に石川県警察が検挙いたしましたいわゆる宇出津事件、昭和五十二年十一月に新潟県の海岸付近で発生をいたしました少女行方不明事案、それから五十三年七月から八月にかけまして福井、新潟、鹿児島の海岸で連続発生をいたしました三件のアベック行方不明事案と、同じ年の八月に富山県の海岸で発生をいたしましたアベックの監禁致傷事件、昭和六十年に韓国で検挙されました辛光洙事件、それから李恩恵と呼ばれる日本人女性の拉致容疑事件、この七件十人と未遂の一件二人でございます。

白書以降の捜査の状況でございますが、これらの一連の北朝鮮によります拉致の疑いのある事件につきましては、韓国当局との情報交換を含めまして、外務省等関係各機関と連携をしながら、新たな情報の収集、また各事件相互の関連性の調査等所要の捜査を行ってきておるところでございます。

○木島委員　拉致容疑のある七件十人について、生存が確認されているかどうか。どうでしょうか。
○奥村説明員　生存しているかどうかにつきましては鋭意確認中でございますが、この中で李恩恵と呼ばれる日本人女性でございます。これは、例の金賢姫が捕まりまして、金賢姫がその自供の中で李恩恵という者に過去日本語等を教えてもらったということを言っておりましたので、その当時は生存しておったのではないかというふうに思っております。
○木島委員　ほかに生存確認は全然できていないのですか。今日じゃなくてもいいです。いつの時点でどういう生存が確認できたということでもいいです。
○奥村説明員　ただいま申し上げましたほかに、現在の時点で生存確認しておるという者はございません。
○木島委員　七七年の十一月に新潟で起きた少女拉致事件、横田めぐみさんでありますが、この件について、詳しい捜査の状況、そして今日まで警察として把握しています。状況を述べていただきたいのです。
○奥村説明員　お答えします。
　昭和五十二年十一月に発生をいたしました少女行方不明事案でございますが、これは五十二年の十一月十五日の夕刻、当時十三歳の少女が、新潟市内におきまして、中学校から帰宅する途中で消息を絶ちまして、その後現在に至るまで行方不明となっておる事件でございます。

　本件につきましては、韓国当局との情報交換を含めまして、これまでの捜査結果を総合的に検討いたしました結果、平成九年に至りまして、北朝鮮による拉致の可能性があると判断するに至っておるところでございます。

○木島委員　平成九年に至って北朝鮮による拉致容疑を判断した、それはどういう契機からそういう判断に至ったのでしょうか。

○奥村説明員　これは、これまでの捜査結果を総合的かつ慎重に検討いたしました結果、平成九年に至りまして、北朝鮮による拉致の可能性があるというふうに総合的に判断するに至ったということでございます。

○木島委員　現在、警察としては、この七件の事案についてどういう捜査体制をとっていますのでしょうか。

○奥村説明員　これら七件の事件、事案につきましては、関係府県警察におきまして、必要な体制をとりまして、鋭意捜査を行っておるということでございます。

○木島委員　大分古い事件でありますが、法的にまだ時効は完成していないという立場で捜査を続行しています。と聞いていいのですか。

○奥村説明員　これは北朝鮮による拉致事件ということでございますので、時効の停止、犯人が海外へ行っている間は時効は停止するという規定がございますので、時効が停止しているという前提のもとで捜査を行っておるということでございます。

（中略）

○木島委員　被拉致者の家族の皆さん、大変な思いでこの二十年間を過ごしています。全く情報がなかったわけであります。つい最近、一定の情報が得られて、横の連絡がとれるようになりまして、被拉致家族連絡会が組織されました。

この家族の皆さん、昨年、政府に訴え状を出したと思うのです。ちょっと冒頭、読んでみます。「政府に訴えます。私達の息子や娘たちを返してください。昭和五十三年七～八月私達の息子や娘達が、突然姿を消してしまいました。茫然自失の私達は、行方不明となった理由・原因について、ありとあらゆることを考え、また自分たちで出来るありとあらゆる方法で、その行方を探しましたが、全く手掛かりをつかむことは、出来ませんでした。」「私達の息子や娘たちが、消息を絶ってすでに二十年たちます。当時二十三才だった息子も現在四十三才であります。この間に失われた貴重な歳月は、永久に取り戻すことは、出来ません。またこの間二十年息子や娘たちの帰りを断腸の思いで待ち詫びていた私達家族の気持はとうていかんたんな言葉では言い表すことは出来ません。」

相手は国交のない国であります。大変だと思うのです。国連の場を通じて努力はどうされているのでしょうか。

○樽井説明員　お答え申し上げます。国連との関係につきましては、昨年、小渕外務大臣が総会出席のために国連に出席いたしました折に、当時の明石国連事務次長との会談の中で本件を提起いたしまして、ぜひ国連サイドでも御協力いただきたいという話をいたしております。

その後、明石事務次長が訪日いたしましたときにも、本件につきましては国連としても非常に関心を持っておりますので、お手伝いが必要であれば考えたいということをおっしゃっておられたと承知しております。

○木島委員　それで、その後詰めているのですか。

○樽井説明員　その後、この協力につきましては、特に具体的な詰めば行っておりません。

○木島委員　非常に外務省の対応は不十分だと思うのですね。こういう思いで二十年間、家族の皆さんは情報を求めているのですよ。日本の主権にかかわる事件ですよ。日本の国内で、何の責任もない若い男女が忽然と行方不明になった。日本の政府、警察庁は、北朝鮮による拉致事件だと正式に認定した。もっと毅然たる態度で臨んでほしい。

そして、少なくとも外務省なり警察庁がつかんだ情報は、すべて家族に伝えてほしいのです。皆さん方、私に対してもほとんど情報を提供しません。警察、外務省、どうですか。あなた方がつかんでいるすべての情報を、ここでもほとんど先ほど述べませんでした。二十年待ち続けているのですよ。すべての皆さんが持っている情報を家族に渡してやってください、警察、外務省。

○奥村説明員　警察といたしましては、拉致された疑いのある方々の両親と親族に対しましては適宜連絡をとらせていただいておりまして、今後とも、御指摘の点を踏まえつつ対処してまいりたいと考えております。（木島委員「情報は渡すんですか」と呼ぶ）ええ、情報はこれまでも必要なものはお渡しをしております。

○樽井説明員　外務省といたしましても、本件の重みは十分踏まえて対処しているつもりでありますし、今後ともしっかりやりたいというふうに思っております。

御家族への情報の提供につきましては、先ほど警察当局からお答えしたとおりでございます。

○木島委員　これからも家族の方から警察、外務省にいろいろな情報の提供を求めると思うんです。その際には、隠さずにあらゆる情報を家族に提供してもらいたい。そして、力を合わせて一日も早くまず生存を確認し、救出し、そして事件の真相を解明するように引き続き努力されんことを求めていきたいと思います。

法務省に聞きますが、この事案について法務省はどんな関与、かかわりを持ったんですか。

○原田（明）政府委員　いわゆる一連の拉致事件ということで問題にされています。事件につきましては、現在警察当局におきまして捜査中ということでございまして、検察当局といたしましても、その捜査の成り行きにつきまして関心を持って見守っていると承知しております。

○木島委員　先ほど警察から報告があった七件の拉致疑惑容疑、そして一件の富山での拉致未遂事件、これについて、送致を受け、刑事訴訟法に基づく処分をした例はありますか。

○原田（明）政府委員　一件、富山におけるアベック拉致事件につきまして、昭和六十年七月十五日に富山地方検察庁高岡支部におきまして、被疑者不詳のまま逮捕監禁致傷の罪名で送致を受けた。そして、それにつきましては、当時の状況で時効が完成しているということで、昭和六十年七月十九日に不起訴処分に付されたということを承知しております。

○木島委員　氏名不詳のまま逮捕監禁容疑で送致を受けた、そして、時効完成で氏名不詳のまま不起訴処分をしたということですが、送致を受けたというわけですから、証拠を添えて送致を受けたと思うんです。そうですね。それで、不起訴処分をしたその一件証拠はどうされたんでしょう。

○原田（明）政府委員　まず、本件一件記録でございますが、その保存期間は、記録の事務規程によりますと平成二年七月十八日までであったのでございますが、この不起訴記録、不起訴にいたしました後に、昭和六十二年十一月二十九日に発生いたしましたいわゆる大韓航空機事件を契機に、本件に北朝鮮工作員が関与しています。可能性が必ずしも否定しがたい状況に至ったということから、この規程によりまして現在も引き続き保存いたしております。

○木島委員　この未遂事件の被疑者不詳ということですが、その後北朝鮮による拉致の疑いもあるということで記録は保存しておると。もし北朝鮮による拉致未遂事件だということになれば、これは時効はとまると考えていいんですか。

○原田（明）政府委員　もし今後犯人が判明いたしまして、ある期間海外逃亡中であったという事実が認められますならば、その間の時効の進行は刑事訴訟法の二百五十五条によりまして停止いたしますため、その段階で改めて公訴時効の完成の有無が考慮される、検討されるということになるかと存じます。

○木島委員　一連の事件については、家族にとって本当にほとんど情報がないという事案であります。たまたまわずかな情況証拠がかいま見れるのが今の富山の未遂事件。一件記録・証拠もある、そして、幸いにしてその証拠物件が保存されていると。ぜひこれは開示をして私にも見せてほしいんです。もう事件として明らかにした事件でありますから、刑訴法の規定によっても開示することが私は公益にかなうと思いますので、ぜひ記録を見せてほしい。また、ほかの事件の家族にも開示してほしい。

そして、日本の主権が侵害された大変な事件でありますから、民間の力もかりて、これからでも遅くないわけですから、あらゆる情報を集約して、そして北朝鮮に迫るいうことが求められる事件だと思いますので、富山地検の高岡支部に眠り込ませておくのはいかぬと思うんですが、いかがでしょうか。開示をしてもらえませんか。

○原田（明）政府委員　現在、この一件記録につきましては、なお捜査の継続する可能性があるということを前提に現在保存さしていただいているものというふうに承知しておるわけでございます。（中略）

ただ、委員御指摘のとおり、一般的に公開という点についてはいかがかと存ずるのでございますけれども、しかし、関係者との関係で検察官において個別に判断することは可能であろうというふうに考える次第でございます。

なお、先ほど私、申し上げるのが一点委員の御質問の関係で明確でなかった点がございますが、この一件記録そのものは保存されているんでございますが、これに附属されました遺留品としての証拠物につきましては、これにつきましては不起訴にした後廃棄されているという事情がございます。その点について私のお答えが不十分であり、委員の御質問の中に、一件記録及び証拠物という意味の御指摘が私の答弁の後の質問にあったものでございますから、念のためにお答えさしていただきます。失礼いたしました。

○木島委員　その証拠物というのはどんなものだったんでしょうか。

○原田（明）政府委員　証拠物は、寝袋用の袋、そのバンド、タオル、マスク、手錠、その連結金具、バスタオル、サンバイザー等であったと記録が残っております。

○木島委員　何で廃棄処分しちゃったんでしょうか。

○原田（明）政府委員　これは、当時の事情といたしまして、時効寸前にかかわるものということで送致され、被疑者不詳ということで廃棄されたものというふうに考えております。（後略）

これら、一連の政府委員による発言の矛盾・問題点はもはや明白でしょう。既に一四年前に、梶山静六国家公安委員長（当時）が日本人拉致の首謀者について「北朝鮮の疑いが濃厚」と答弁し、かつその「時効は停止」とまで答弁しておきながら、なぜ残された証拠物件を「当時の時効寸前にかかわるもの」として廃棄処分に処してしまったのか。これらについて、日本人拉致問題を一九八〇年代の時点で充分に捜査・調査を行ってこなかった日本政府の責任は重大といわざるをえません。

この問題をめぐって、「北朝鮮への制裁」を叫ぶ人間やメディアが多いことは事実です。が、それを問題にするのであれば、国会質問とその答弁があってから、なぜ十四年間も事実上放置していたのか、日本政府の捜査・調査責任も問題にするべきではないでしょうか。

また、「拉致問題」の真相解明と「日朝国交正常化交渉」との問題は、基本的に同時並行的にすすめる問題でしょう。韓国国内でもいわゆる「拉北者」（北朝鮮に拉致された韓国人）の問題がしばしば取り上げられています。しかし、それらがすべて解決しないかぎり南北朝鮮半島の統一は不可能、という態度を韓国国民は取らないでしょう。日本人拉致問題への対応もまた、同様な性格を有する問題ではないでしょうか。

「小の虫も生かしながら、大の虫も生かす」――これこそが、真の意味で国益を損なわない外交戦略の基本でなければならないはずです。その意味で今問われなければならないのは、「日本外交のあり方」なのです。

（追記）

その後、元レバノン大使・天木直人氏が執筆した『さらば外務省！――私は小泉首相と売国官僚を許さない』（講談社、二〇〇六年）によれば、外務省がこの拉致問題をかつてどのように対応していたかが記されています。

「北朝鮮による拉致被害者の救済問題への外務省のこれまでの取り組みも、『不作為の犯罪』と言うべきである。北朝鮮との関係を正常化する問題を担当する、特命大使のポストが置かれたのは一九九〇年である。以来このポストの大使の重要な使命の一つは、拉致被害者の救済であったはずである。しかし歴代のこのポストの大使は、ほとんど開かれることのない北朝鮮との交渉をひたすら待つだけで、百何十万円の月給をもらい続けてきたのである。」（二二九頁）

いまさらにして「さもありなん」という感じです。いったいこの外務省の怠慢から発生した様々な問題について、政府内部で責任を取ろうとする官僚・政治家はいるのでしょうか。疑問に感じるのは、筆者だけでないでしょう。

第五章　北朝鮮「経済制裁」は許されるのか？

北朝鮮のいわゆる「日本人拉致問題」をめぐる対応、それに対する日本側の感情的なメディア報道、そして火に油を注ぐ扇情的な報道が問題になり、「救う会」「家族会」は日本政府に対していわゆる「経済制裁」を要求し、野党の中にもたびたびこれに同調する構えを見せている議員が少なくありません。

さらに、こうした声は二〇〇六年七月五日に発生した北朝鮮による日本海（東海）へのミサイル発射事件、同年一〇月の「核実験」の後、一層声高に唱えられています。いうまでもなく、北朝鮮によるこれらの事件は国際的なルール、および「日朝平壌宣言」に照らして重大な信義違反であることはいうまでもありません。しかし問題なのは、このような問題を解決する上で経済制裁が有効な手段であるのかということと、日本国内での産業にどのような影響を与えるかという問題です。

以下、この二点に絞って問題を整理してみましょう。（文中、岩本正光『北朝鮮経済制裁は国際合意に違反』（日朝協会『日本と朝鮮』二〇〇四年四月号）を適宜参照したことを付け加えておきます）。

一　なぜ「経済制裁」が「有効」なのか？
――国際合意を事実上反故にする事態に

あらためてここに、「日朝平壌宣言」の文面を引用しておきましょう。

「日朝平壌宣言

小泉純一郎日本国総理大臣と金正日朝鮮民主主義人民共和国国防委員長は、二〇〇二年九月一七日、平壌で出会い会談を行った。

両首脳は、日朝間の不幸な過去を清算し、懸案事項を解決し、実りある政治、経済、文化的関係を樹立することが、双方の基本利益に合致するとともに、地域の平和と安定に大きく寄与するものとなるとの共通の認識を確認した。

一．双方は、この宣言に示された精神及び基本原則に従い、国交正常化を早期に実現させるため、あらゆる努力を傾注することとし、そのために二〇〇二年一〇月中に日朝国交正常化交渉を再開することとした。

双方は、相互の信頼関係に基づき、国交正常化の実現に至る過程においても、日朝間に存在する諸問題に誠意をもって取り組む強い決意を表明した。

二．日本側は、過去の植民地支配によって、朝鮮の人々に多大の損害と苦痛を与えたという歴史の事実を謙虚に受け止め、痛切な反省と心からのお詫びの気持ちを表明した。

双方は、日本側が朝鮮民主主義人民共和国側に対して、国交正常化の後、双方が適切と考える期間にわたり、無償資金協力、低金利の長期借款供与及び国際機関を通じた人道主義的支援等の経済協力を実施し、また、民間経済活動を支援する見地から国際協力銀行等による融資、信用供与等が実施されることが、この宣言の精神に合致するとの基本認識の下、国交正常化交渉において、経済協力の具体的な規模と内容を誠実に協議することとした。

双方は、国交正常化を実現するにあたっては、一九四五年八月一五日以前に生じた事由に基づく両国及びその国民のすべての財産及び請求権を相互に放棄するとの基本原則に従い、国交正常化交渉においてこれを具体的に協議することとした。

双方は、在日朝鮮人の地位に関する問題及び文化財の問題については、国交正常化交渉において誠実に協議することとした。

三．双方は、国際法を遵守し、互いの安全を脅かす行動をとらないことを確認した。また、日本国民の生命と安全にかかわる懸案問題については、朝鮮民主主義人民共和国側は、日朝が不正常な関係にある中で生じたこのような遺憾な問題が今後再び生じることがないよう適切な措置をとることを確認した。

四．双方は、北東アジア地域の平和と安定を維持、強化するため、互いに協力していくことを確認した。

双方は、この地域の関係各国の間に、相互の信頼に基づく協力関係が構築されることの重要性を確認するとともに、この地域の関係国間の関係が正常化されるにつれ、地域の信頼醸成を図るための枠組みを整備していくことが重要であるとの認識を一にした。

双方は、朝鮮半島の核問題の包括的な解決のため、関連するすべての国際的合意を遵守することを確認した。また、双方は、核問題及びミサイル問題を含む安全保障上の諸問題に関し、関係諸国間の対話を促進し、問題解決を図ることの必要性を確認した。

朝鮮民主主義人民共和国側は、この宣言の精神に従い、ミサイル発射のモラトリアムを二〇〇三年以降も更に延長していく意向を表明した。

双方は、安全保障にかかわる問題について協議を行っていくこととした。

日本国総理大臣
小泉純一郎

朝鮮民主主義人民共和国国防委員長
金正日
二〇〇二年九月一七日
平壌」
（出典：http://www.mofa.go.jp/mofaj/kaidan/s_koi/n_korea_02/sengen.html）

この宣言にも述べられているように、「双方は、国際法を遵守し、互いの安全を脅かす行動をとらないことを確認しています。また、日本国民の生命と安全にかかわる懸案問題については、朝鮮民主主義人民共和国側は、日朝が不正常な関係にある中で生じたこのような遺憾な問題が今後再び生じることがないよう適切な措置をとることを確認した。」とあり、また金正日国防委員長自らが言明しています。さらに「深くお詫びしたい。二度と許すことはない」という謝罪と再発防止についての言明がされています。

勿論、拉致被害者の現状をめぐっては、残念ながら北朝鮮に拉致されたとされながら、いまだに生死が確認されていない被害者が存在するという状況はあります。これらについては、引き続き日朝間の交渉で打開の道を図ることを追求すべきでしょう。しかし、佐藤勝巳氏らを中心とした「救う会（およびそれを後押しする『現代コリア』派）」などが主張しているように、「経済制裁は効果がある」などというのは、所詮現実の状況を見ない謬論に過ぎません。

その問題の一つは、「特定船舶入港禁止法」です。国連海洋法条約は、「海洋法に関する国際連合条約」の前文で「海洋法に関するすべての問題を相互の理解および協力の精神によって解決する希望に促され、また、平和の維持、正義および世界のすべての人民の進歩に対する重要な貢献としてこの条約の歴史的な意義を認識し」とある。さらに第一七条では、すべての国の船舶に対して、領海における「無害通行権」を保証しています。すなわち、たとえ北朝鮮の船舶であっても、日本の領海を航行（入港）することは、犯罪などを犯さないかぎり保証されています。この法律の発動は、国際法の秩序を逆に破りかねないものです。

もう一つの問題はこの法案が実際に発動された場合です（施行は二〇〇四年六月二八日）。既に北朝鮮貿易は、二〇〇三年度の時点で前年比三割減となっています。さらに、船舶の入港も二〇〇二年度の一四一五隻から二〇〇三年度は一〇〇七隻に減少していること、などが明らかにされています。(1)

さらに、進歩的な弁護士の集団である「自由法曹団」の声明が指摘しているように、「日朝平壌宣言において日朝両国は、『国際法を遵守し、互いの安全を脅かす行動をとらないことを確認』（三項）し、『北東アジア地域の平和と安定を維持、強化するため、互いに協力していくことを確認』（4項）したばかりか、二〇〇三年八月の第一回六者協議における『平和的解決のプロセスの中で、状況を悪化させる行動をとらない』旨を合意し、二〇〇五年二月の第二回協議における議長総括でも『相互尊重と対等な立場での協議』『対話を通じた平和的解決』」をうたっています。そう見た場合、「今回の特定船舶入港禁止法は、外為法による経済制裁の実施とともに、その後の「海上封鎖」や「武力攻撃」に連なるきわめて危険な選択」といわざるをえないでしょう。(2)

二　準戦時法制としての外国為替法「改正」

今回の外為法「改正」は、「我が国又は国際社会の平和および安全の維持」を外為法の目的に新たに追加し（第一条）、我国独自の判断により、送金の停止や輸出入の制限を内容とする対応措置をとることができるとしています。（第一〇条）。

通商経済法である外為法は、国際収支の均衡、通貨の安定、我国経済の発展を目的に、資金の移動等に対する規制は必要最小限とし、その管理・調整は例外的扱いとされてきました。即ち、発動される規制は、国際収支の均衡を維持するため特に必要がある場合や国際条約の誠実な履行等の国際社会と協調しての制限に限られてきました。

しかるに、本「改正」案は、「『我が国の平和および安全の維持のために特に必要があるとき』には経済制裁を発動できるとするものであり、外為法を、我が国の安全保障の手段として活用とするものである。これは外為法本来の性格を根本から変え、いわば通商経済法を有事法（戦時法）に変容させるものである」（以上、二〇〇四年二月一二日自由法曹団声明：対北朝鮮「経済制裁法案」

――外為法「改正」に抗議し、特定船舶入港禁止法の制定に反対する、より）というものです。

このような法律を発動させれば、北朝鮮は拉致問題の解決ばかりか、ますます態度を硬化させ、外交上の諸問題の解決の道筋は一切閉ざされることは火を見るよりも明らかです。勿論そうなれば、北朝鮮の政府・党指導部以上に苦境に立たされるのは、誰あろう拉致被害当事者でしょう。『救う会』や『現代コリア』派は、本気で拉致問題の解決を考えているのでしょうか。

補論　六者協議のその後の流れをどうみるのか

一昨年（二〇〇五年）の九月、北朝鮮の非核化をめざす韓国・中国。ロシア・アメリカ・日本・そして北朝鮮を交えた国々によって開催された六者協議は、朝鮮半島の非核化をうたう共同声明を採択しました。(3) その中では、北朝鮮によるすべての核放棄及び核不拡散防止条約、国際原子力機関（ＩＡＥＡ）査察への早期復帰ばかりでなく、米国が北朝鮮を攻撃・侵略する意図がないことも明記されています。

さらに、今年（二〇〇七年）二月に開催された第五回六者協議第三セッションで合意された「共同声明の実施のための初期段階の措置」では、次のようなことがうたわれています。

「朝鮮民主主義人民共和国は、寧辺の核施設（再処理施設を含む）について、それらを最終的に放棄することを目的として活動の停止及び封印を行うとともに、ＩＡＥＡと朝鮮民主主義人民共和国との間の合意に従いすべての必要な監視及び検証を行うために、ＩＡＥＡ要因の復帰を求める」

さらに、日朝交渉に関しては、次のような形で明確に平壌宣言を位置づけています。

「朝鮮民主主義人民共和国と日本国は、平壌宣言に従って、不幸な過去を清算し懸案事項を解決することを基礎として、国交を正常化するための措置をとるため、二者間の協議を開始する」

このように、従来日朝間の外交交渉の合意事項であった日朝平壌宣言は、いわば「国際公約」ともなり、今後の六者協議進展のための大きな足がかりとなるものです。その後、いわゆる米国による「経済制裁」措置をめぐるトラブルのため、予定よりも日数はかかりましたが、ＩＡＥＡによる寧辺を含めた各施設の査察は進んでいます。

さらに、七月に行われた六者協議では、首席代表会合のプレスコミュニケが発表されました。この中では、共同声明（二〇〇五年九月）と共同文書（二〇〇七年二月）における約束の履行、北朝鮮による核計画の申告と、既存各施設無能力かの約束履行の表明、重油九五万トン相当の支援、八月末までの作業部会の開催、九月上旬の六者協議本会合の再開、などについてが合意されています（巻末資料５参照）。

このように、朝鮮半島における非核化の動きは、単なる六者協議の合意事項というだけでなく、いまや北東アジアにおける恒久的な多国間安全保障体制の確立へ向けた一歩になりうる可能性を秘めているものです。
　こうした外交状況の変化を考えるとき、北朝鮮への「制裁」一本やりの安倍内閣の外交政策では、拉致問題、そして戦後処理に関わる様々な問題を本当に解決できるのか――疑問に思うのは筆者だけではないでしょう。

〈注〉
（1）『朝日新聞』二〇〇四年二月一七日（夕刊）
（2）自由法曹団声明：「対北朝鮮制裁法・特定船舶入港禁止法に反対する」
（3）日朝協会『コリア問題――資料と解説』第一四号（二〇〇七年）参照。

第六章　「ひのもと政策」（日本型「太陽政策」）を提唱する

——日朝関係打開へ向けて

はじめに

現在、日本と北朝鮮との間の関係は、拉致問題をめぐる北朝鮮側の拙劣な対応と、日本国内における感情的な反感とがあいまって、戦後最悪といってもよい状態にあります。勿論、拉致問題を初め、いわゆる「不審船」問題、「テポドン」ミサイルの発射実験、核実験問題などなどに至るまで、主として関係悪化の原因は北朝鮮政府にあるのはいうまでもありません。

しかしながら、戦後六〇年以上経過し、北朝鮮とはいまだに直接の戦闘を交えたこともなく、また東アジアで韓国とともに国際連合に加盟しています。この北朝鮮と日本が、未だに国交はおろか非公式な形での外交交渉の機関を設置していないのは異常というより他はありません。

さらに、拉致問題をめぐって被害者の家族や、又これらと連携している「救う会」幹部や、いわゆる政権与党と野党の少なからぬ議員より、「経済制裁」「金正日政権打倒」などが主張されています。

しかし、世界のどんな性格の政権であれ、その国の政治の誤りを正すのは最終的にはその国の国民であり、またある国がテロ、または国家規模で行った犯罪を糾すのに「犯罪」を起こしたその国の政権を転覆することが正当化されるのであれば、国際秩序は崩壊し、人類が多年にわたって築きあげてきた国際法体系も意味を一切なくしてしまうでしょう。

また、現在の北朝鮮の政治体制を見るとき、いわゆる「経済制裁」が及ぼす影響は、少なくとも少数の国家の指導層（そしてその恩恵を受けている階層）にのみいくことは考えにくいでしょう。むしろ、湾岸戦争以後のイラクの事例を検討するまでもなく、逆に、その政権の内部でむしろ抑圧体制が強化され、あるいは疎外されている階層にその被害が及び、かえって現在の政権の基盤を強化する――すなわち、日本側の対応にこそ問題があるというような宣伝に、一定の真実性を与える――という方向へつながりかねないでしょう。これでは、民主化を願う北朝鮮の一般民衆はもちろんのこと、日本国内で民主化を願う多くの良心的な在日朝鮮人にも、かえって悪影響を与えてしまうことになるでしょう。また、現在進行しつつある六者協議による朝鮮半島の非核化への動きにとって、結果的にマイナスの影響しかもたらさないでしょう。

本稿では、こうした現状を打開するための一つの試みとして、日本型「太陽政策」――「ひのもと政策」の提案を行いたいと思います。これは、勿論一種の「たたき台」であるため、多くの進歩的な活動家、市民、知識人・文化人の積極的な討論・議論が望ましいことは言うまでもありません。忌憚のないご意見・ご提案をいただければ幸いです。

一　日本と北朝鮮との間に存在する「戦後処理」について

①いわゆる従軍慰安婦問題、戦時強制連行労働者の問題、略奪された文化財の問題

・これらの問題については、引き続き日本国内にある関係官庁の資料、及び情報公開を実施させ、それに基づいていわゆる個人への補償、および未払い賃金の支払い、そのほか遺族への遺骨の返還、などといった処置を行う必要がある。

・なお、北朝鮮から持ち出され、破壊されたといわれている朝鮮王朝などの文化財については、引き続き関係各団体と連絡を取り、真相解明と原状回復、または補償を行う。

②第二次世界大戦中の国家賠償について

・基本的には、「日朝平壌宣言」の精神をもとに解決していく方向で対応する。ただし、後述するような形で社会資本の整備については円借款の形態よりも、できうる限り無償援助協力の形態で行う。

二　日本人拉致問題などについて

①いわゆる日本人拉致事件の真相解明と、その被害の実態、及び生存する被害者の帰国へ向けて、引き続き外交交渉を行う。なお、この場合「特殊機関」が現在も存続している機関であることを考慮し、北朝鮮側の軍部が掌握している「特殊機関」の当時の責任者、関係者を含めて、関連する物証、そのほかの資料をあらためて提出することを求める。

②すでに帰国している拉致被害者については、その家族も含めて北朝鮮当局に対して精神的・身体的苦痛を配慮した形での個人補償を求める。この場合、実質的な「原状回復」は不可能なため、金銭的解決が中心となるが、そのほかにも、被害者当人が望む形での「賠償」があれば、北朝鮮側に応じるよう働きかける。

③このほか、現時点で北朝鮮が公式には否定している「拉致被害者」（あるいは「行方不明者」）についても、前述のように再度関係当局者に働きかけ、再々調査を行うよう要求する。

④北朝鮮側に拉致の実行犯として現在生存している関係者については、引き続き引渡しを要求し、日本国内での刑法によって裁判を受けるよう要求する。このほか、拉致事件に関わったとされる特殊機関を含めた関係者についても同様の要求を行う。

⑤いわゆる「帰国事業」で北朝鮮に渡った日本人配偶者の消息についても、赤十字など関係機

関を通じてその所在を明らかにするよう要求してゆく。

三　日朝国交正常化について

①これについては、可及的速やかに「宣言」の精神にのっとり再開し、早急に連絡所、及び大使館級の外交連絡事務所を設置する。

②さらに、国交樹立後、北朝鮮の主要都市に、出来るだけ速やかに領事館、連絡事務所などを建設し、また将来進出が予想される日系企業のために日本人学校、及び宿舎などの建設を早急に行う。

四　核開発問題について

①いわゆる北朝鮮の「核開発」問題については、引き続き周辺諸国との「六者協議」を継続するとともに、ＫＥＤＤに準じた国際機関によるエネルギー援助活動の再開を行うよう関係各国に働きかける。

②なお、日本国内に度々寄港する米軍艦船については、かつての「神戸方式」の方法を踏襲し、核兵器を保有した米軍艦船が一切入港できないようにする。また、日本国内に存在する可能性が

ある米軍の核兵器についても、日本政府の責任で査察を行い、米国政府に撤去を求める。

五　北朝鮮への援助について

①現在凍結・停止されている食糧・医療援助については速やかに再開する。また、今後不足されると予想されている食糧については、引き続き現物支給を前提に国際機関などの援助・協力も得てモニタリングを前提にした形で、食糧事情が改善されていない地方への援助を中心に行う。

②医療そのほかの支援活動のため、日本赤十字社、赤十字国際委員会などを通じた医療支援ボランティアを募り、現地での診療活動を進める。その際、日本側より支援センターの設置、活動スタッフのための資金を提供する。民間のＮＧＯとも協力し、もっとも緊急に援助が必要な高齢者、乳幼児、障害者などへの対策を早急に進める。

③国内のインフラストラクチャーの整備などは、円借款の形態ではなく、極力無償援助の形で行う（主に病院、診療所、教育機関など）。その際、現場の仕事には極力現地の住民を採用することが出来るよう、北朝鮮側に働きかける。

六　文化活動の交流

①対外文化協会などの協力も得て、日本側の文化交流団を組織する。ピョンヤンを中心に、各地で日本文化交流の集いや、日朝文化交流の夕べなどを行う。そのための「日本文化センター」の設立は必要不可欠である。

②在日朝鮮人、日本人の文化団体・個人とも協力し、常駐的な文化団体の連絡事務所を設置する。

もちろん、これらの政策は、現実には金正日政権と外交交渉の上で承認を必要とする課題ではあります。しかしながら、本来的に人道援助と、相手国政府との対等な関係に立つ経済活動とは、全く矛盾するものではないはずです。こうした観点に立って、国交正常化交渉と平行して拉致問題の解決、植民地支配の清算に取り組めば、北朝鮮の民衆とも交流が活性化することになるでしょう。そしてそのことは、両国の民衆にとって、将来的な友好のための財産を築く第一歩となるでしょう。

第七章　日本の朝鮮問題研究者（在日韓国・朝鮮人を含め）は何をしていたのか

――その良心に問う

「ナチスが共産主義者を攻撃したとき、自分はすこし不安であったが、
とにかく自分は共産主義者でなかった。だからなにも行動にでなかった。
次にナチスは社会主義者を攻撃した。自分はさらに不安を感じたが、
社会主義者でなかったから何も行動にでなかった。
それからナチスは学校、新聞、ユダヤ人等をどんどん攻撃し、
自分はそのたびにいつも不安をましたが、
それでもなお行動にでることはなかった。
それからナチスは教会を攻撃した。
自分は牧師であった。だからたって行動にでたが、
そのときはすでにおそかった。」

（マルチン・ニーメラー：丸山真男『現代政治の思想と行動』未来社より引用）

筆者はこれまでの章を含めて、過去にも『現代コリア』派を含めた彼らの排外主義的な論調、とりわけ戦後補償問題への敵対的・攻撃的な論調、そして偏狭なナショナリズムの論調に対する警告を出し続けてきました。（たとえば朝鮮史研究会例会：一九九三年七月二四日【書評】南雲和夫：西岡氏力著『日韓誤解の深淵』（亜紀書房、一九九二年八月、一九九九年五月一五日【動向批評】南雲和夫：小林よしのり『新ゴーマニズム宣言』をどう読むか――いわゆる「従軍慰安婦」問題と植民地支配の関連から、など）そして、これらの論調に対する批判、反論の類を折に触れて発表も行ってきました。

一方、これらの反論を発表した舞台は、学術誌のみならずメディア批評誌など、いわゆる学術研究者だけが読むようなものでもないメディアにも発表してきました。それは、こうした論調に対して、あまりにも多くの研究者が無関心、ないしは専門書でないことを「口実」に、軽視してきたことに対する筆者なりの警鐘のつもりだったからでした。

しかし、朝鮮問題のいわゆる「専門家」は、これら筆者の警告に対して殆ど無視するか、または黙殺を決め込んできました。その典型的な事例が、朝鮮史研究会での次のような出来事です。

一　日本の朝鮮問題研究者（在日韓国・朝鮮人を含む）らの怠慢と傲慢

筆者が最初に、西岡氏の『日韓誤解の深淵』（書評）の論点、事実関係に問題を感じ、朝鮮史研究会の例会で報告したのは今から一四年前の一九九三年七月でした。しかし、この報告が文章化され、『マスコミ市民』に掲載されたのは一九九五年四月～六月号でした。

勿論、筆者としてはこうした重大な問題をなるべく早急に社会的な警鐘を鳴らすつもりでいましたが、それはかないませんでした。なぜ報告から対外的な発表にいたるまでこれだけのブランクがあくことになったのか、その顛末から記しましょう。

筆者はこの報告を終えた後、いわゆる朝鮮関係の雑誌を編集している出版社や編集者に原稿を仕上げて送付し、掲載を頼みました。特に、在日朝鮮人が編集に携わっている韓国・朝鮮問題の雑誌を編集している「青丘文化社」に宛てて論文を集中的に出しました。また、『現代コリア』に反論を掲載を拒否された原稿の件についても、文章をまとめて送付しました。

その後、何の返事もないため、数カ月後、拙稿の取扱について編集部に電話で問い合わせたところ、応対した人物は、このような回答をしてきました。

「『現代コリア』と、事を構えるのはどうか、という声があって……。それに、『現代コリア』と議論をしても、そもそもかみ合わないしねえ……」

唖然とするとはこのことをいうのでしょう。ようするに正面から激突しても所詮は負けだ、したがって対決することを避けるだけで、対象とまったく向き合おうとしない――それを正当化する言い訳でしかないことを、自ら認めるごときセリフをはく人物も少ないでしょう。しかも、それから数年後この出版社が主宰した講演会で、当時の編集長に会って直接話したところ、この人物はこういってのけました。

「僕らはね、なにも君の論文を掲載する義務はないんだからね！」

二重に唖然とさせられました。

当方が問題にしたかったのは、拙稿を掲載しなかったことではありません。研究者として、さらには日本の大学で日本人の学生を相手にしている「教育者」（少なくとも当時の彼の肩書きは、明治大学名誉教授です）として、少なからぬ日本人の学生を相手に朝鮮史を教える立場の人間が、『現代コリア』派の策動によって歪んだ朝鮮史認識を持つことに、かくも無関心であってよいのか――筆者の言いたいことはこれに尽きていました。いうなれば、それは「教育者」としての「責任」とでもいうべきことでしょう。

にもかかわらず、研究と教育の最前線に立つ人物が、この程度の問題意識しか持てないようでは、先が思いやられるな――というのが正直な感想でした。そして不幸なことに、この予想は的中しました。

二　朝鮮史研究会「除名処分」問題について
――許しがたい朝鮮問題研究者の不誠実な態度

その後、筆者は漫画家小林よしのり氏の「従軍慰安婦」問題での「朝まで生テレビ」での発言をめぐって、朝鮮史研究会で再度「動向批評」で報告を行いました。この中で筆者は、小林氏の発言が事実に基づかないデタラメな発言に満ちていること、また、それを自分が執筆している『新ゴーマニズム宣言』（小学館『ＳＡＰＩＯ』に連載中）に、誤謬に満ちた事実の歪曲とともに書きなぐっていること、さらに資料の転載を事前に予め編集部に依頼したにも拘らず、編集部が口頭で約束したことを反故にし、先方に対して何の依頼もおこなっていなかったこと、さらにそれを追求すると『ＳＡＰＩＯ』の編集者が開き直ったこと、などを報告しました。

そして最後に筆者は、このような「漫画」が数十万部単位で出版・販売されていること、また読者（それも一〇代〜二〇代の若い世代）から支持されていること、などを指摘し、同時にこのような論調を放置しておいた歴代の研究会の会長、役員、体質に猛省を促しました。

ところが筆者の報告の最中、元役員であった人物は、ことさら自己弁護に終始するかのような不規則発言を報告の最中繰り返し、また当時の会長であった神田外語大学教授は、会場でこそ当方の発言に終始無言でしたが、後でこの問題について電話をした際、唖然とさせられる言葉を浴びせてきました。

「君の質問について、答える必要はない！」「君は会員でないと聞いています。」と開き直り、「（会長職は）やめてもいいんですけどね」などとのたまったあげく、当方がさらに話を続けようとすると、一方的に電話を切る、という暴挙に出ました。

ちなみにこの当時、この研究会の幹事の代表格であった人物は、当方の報告が掲載された会報を送付してこなかったばかりか、電話、ファクスを送っても逃げ回り、一方的に除名処分にしたこと、などは後でわかりました。

筆者は、彼らの暴挙に抗議するため、朝鮮史研究会の関西部会に属するある朝鮮問題研究の大家に電子メールを送信し、この研究会が当方に対して行った仕打ちを直接訴えるなどしました。結局、返事はありませんでした。その後、私を除名した人物は会長こそ辞めたものの、当方に対して謝罪一つしてきませんでした。これが、「研究を通じて日本と朝鮮との友好に努める」はずの組織の会長が言うセリフでしょうか?

この程度の人物が会長を務める研究会。その「研究」「教育」活動の実践結果が今日の日韓・日朝関係のありさまと、一般国民の朝鮮問題に対する歴史認識ではないでしょうか。一体彼らは歴史学の研究者・教育者として、未来の東アジアの歴史に対してどう責任を負うつもりなのか。疑問に思うのは筆者だけではないでしょう。

なお、この報告の後で、筆者はある在日朝鮮人一世の方から次のような言葉をかけられました。「研究者が、自分の研究室で、自分の研究だけやっていればそれで良いなんていうのは、大きな間違いです。あなた(筆者に向かって)の書かれた文章は全部読ませていただいています。これからも、ぜひ頑張ってください。」

それは、どんな朝鮮史の「権威」者、歴史学の「権威」の言葉よりも、何十倍も有難い言葉であったことは、今でもはっきり覚えています。真の意味で歴史学を形成するのは、いわゆる「権威者」にとりいって己の地位を確保することではなく、このような市井の「地の塩」ともいうべき人物の言葉に、耳を真摯に傾けることから始まるのでしょう。

（追記）

北朝鮮の現在のような個人崇拝、世襲制度、そして軍部の台頭とその「活用」による「先軍政治」の制度上の諸問題について、日本の朝鮮史の研究者はその問題点を学問的により早く分析・研究できる立場にいたにもかかわらず、その思想的・政治的・経済的な側面から批判的研究は必ずしも充分でなかった、といっても過言ではないでしょう。もっとはやく日本の朝鮮史研究者が警鐘を鳴らしてさえいれば、北朝鮮に対するより客観的な見方を、より多くの大衆が学ぶことが出来たことは間違いないでしょう。ここにも、日本の朝鮮史研究者の問題点があらわれていると感じるのは、筆者だけではないでしょう。

資料解説

以下に掲げる資料は、本書の中で引用されたものの全文、または関連する資料を集約したものです。

「資料1」は、第1章で言及した『日韓誤解の深淵』の中で取り上げられた韓国スミダ電機側が、大韓民国労働部の長官宛に提出した「上申書」を、筆者が独自のルートで入手したものです。ごく一部に不明確な文字がいくつかありますが、当時の韓国スミダ電機側がこの争議をどのように捉えていたかを知る上で、参考になると考え掲載しました。

「資料2」は、韓国スミダ電機の争議問題について、国会で取り上げた竹村泰子参議院議員（当時）と政府側の答弁を中心に収録したものです。日系企業の海外進出に伴うトラブルと、それに対する日本政府の対応を中心にまとめてみました。当時の日本政府の方針について、参考にしていただければ幸いです。

「資料3」は、一九八八年三月二六日に参議院予算委員会で、橋本敦参議院議員（日本共産党＝当時）が、当時発生した大韓航空機爆破事件と、北朝鮮による日本人拉致問題について国会質問をした当時の議事録です。この中では、政府委員から、一九七八年以降の一連のアベック行方不明事件を「北朝鮮による拉致の疑いが濃厚」との答弁が引き出されております。

また、「資料4」は、それから約一〇年後の一九九八年の衆議院法務委員会で木島日出夫衆議院議員（日本共産党＝当時）が、その後の拉致事件をめぐる新たな展開をもとに国会で質問した内容をまとめたものです。この資料と、上記の資料3を読み比べてみれば、橋本議員の質問に対する政府答弁との矛盾と問題点が明白になると考え、掲載することにいたしました。

「資料5」は、二〇〇五年九月に発表された六者協議の共同声明と、二〇〇七年二月に発表された、共同声明実施のための初期段階の措置を掲載しました。

六者協議の共同声明は、北朝鮮ばかりでなく、広く北東アジア全体における非核化へむけた六カ国（アメリカ、中国、北朝鮮、韓国、日本、ロシア）の合意文書であり、初期段階の措置は非核化へ向けた具体的な方法についての方向性をまとめたものです。この間に様々な状況で複雑な進行を経過しましたが、合意事項については確実な進展がみられています。本文とあわせて参考にしていただければ幸いです。

なお、これらの資料の一部はインターネットでも閲覧できますので、より詳しく調べたい方は「国会議事録検索システム」などを参照することをお勧めします。

資料1
スミダ電機社長が大韓民国労働部長官宛に提出した上申書
（一九八九年一二月二七日付ファクス）

大韓民国労働部長官閣下
（写）
商工部馬山自由地域管理所所長
大韓民国　商工部長官
駐韓日本国大使
大韓民国韓国労働組合総連盟長
労働部馬山地方事務所所長

上申書

スミダ電機株式会社代表取締役社長　八幡一郎　㊞

まず最初に、弊社出資による韓国スミダ電機（株）の労使関係をめぐる諸問題に関しまして種々ご心配、ご迷惑をおかけしていますことを衷心よりお詫び申し上げます。

それについての今までの経緯、現状ならびに今後の方針を下記の如く上申致しますので、なにとぞご賢察の上、解決に向けてご指導賜りたく宜しくお願いします。

一．紛争の経緯

1) 二年間で二倍の賃金高騰

一九八七年八月に労組が結成され、度重なる労使紛争の結果、二年間でほぼ二倍にのぼる賃金高騰となり急速に価格競争力を失っていきました。

2) 偽名を使った過激分子の入社

その間、不幸な事実としては、偽名を使った過激分子（本名、偽名とも掌握ずみ）が入社し一部労組員を激しく扇動し過激行動や怠業行為が続発しました。

就業時間中の組合大会の頻発、その時間帯に対しても賃金支払いを要求、ラインのシフトに対しての反対、高額機械の効率活用を図ろうとしても二交替・三交替制を拒否、専任労組幹部給与の会社負担要求、事務所に残飯を大量にぶちまけ事件、ダラダラ就業、トイレ・水飲み場で意図的に長蛇の列を作っての怠業、約三〇〇名の労組員の会社内泊り込み、工場道路に「日の丸踏み絵」の貼り付け、日本人代表理事を会社から締め出し事件など二年余に枚挙にいとまがないほどのトラブルが続発しました。

3） 納期遅延の続発

特に一九八八年春にはストライキ、サボタージュなど相次ぐ紛争のため納期遅延が続発し、顧客の生産計画に大きな影響を与えた結果、客先からは、韓国スミダ電機（株）生産のものは購入しないとのきびしい条件をつきつけられたため、それ以降の韓国スミダ電機（株）は韓国国内の注文を頼りに生産を続けざるをえない状況にたちいたりました。

4） 製造単価高騰による価格競争力の喪失

既に、例えば現状、香港との比較において韓国スミダ電機（株）製品が約七〇%高であります。すなわち、香港で一〇〇円で買えるものが、韓国スミダ電機（株）では一七〇円でなければ、買えない程度にまで価格が高騰してしまったのです。韓国のウオン高も価格の高騰に作用しました。

5） 韓国国内でも買付け減少

一方では、多くの韓国電機メーカーも労使紛争の激化、労賃の高騰、ウオン高に耐えられず、タイほかアセアン諸国に生産拠点を移転しつつあり、すでに香港、シンガポールでは資材調達を開始しており、結果として韓国国内の調達を減らしています。

そのために、韓国国内での注文も次第に減少して、いかに受注確保に努力しコスト低減策を推進しても、実効が上がらない状態に陥りました。

6） 日本人代表理事の発病帰日、韓国人代表理事の突然の辞任、管理職の辞職

一九八八年春における日本人代表理事の病気帰国、またその後を引き継いだ韓国人代表理事の

一九八九年七月の突然の退職、頼みとする部長たちの理事就任拒否と現状失望による脱落問題など相次ぎ、事実上韓国人管理職は殆ど不在の状況になりました。

7) 現代表理事の帰日問題

一九八九年九月一日就任の現日本人代表理事としては、事態収拾打ち合わせのため一時帰日しましたが銀行の当座貸出枠制限、貸出中止の通知、資金不足の深刻化、給与分割遅配など、経営状態は急速に悪化してきたため、その状態での帰任は身辺の安全確保に十全を期し難く復帰を見合わせていました。

8)「FAX一本で解雇」したと言われています。問題についての実状

FAX一本で突然倒産通知を出し全員解雇を申し渡したと非難されていますことに関しては、それに至るまでの経緯がいろいろあっての事ではありますが、FAX一本の行為そのものの事実は事実として、お騒がせしたことをまことに遺憾に存じます。

事実関係としては貸出枠の引締め、貸出中止の通知にいたるまでに、6カ月以上にわたり朝礼、幹部会議など社内のあらゆる会議で、倒産の危機を訴え続け、労組に理解と協力を求めてきましたが効果がなかったことを申し添えたいと存じます。

いずれにせよ、解雇予告期間の不充足部分については、事後処置となってしまいましたが予告を必要とする該当期間相当分の手当てについて支払うことをすでに約束済みであります。

9) 未払い賃金、退職金、解雇予告金

9月分の一部および一〇月前半分の賃金約一億5千万ウォンが未払いになっていますことをまこと

に遺憾に存じます。

一二月一五日付にて、韓国スミダ電機（株）代表理事櫛野浩一より同社労組鄭賢淑代表宛に

「一．未払賃金、退職金、解雇予告金等の労働債務の早期支払をスミダ電機（株）の協力を得て行う。

二．賃金は一〇月一五日迄を支払対象として、退職金は規定計算による。解雇予告金は労働協約上は六〇日分であるが、一二〇日分を支払う。

三．以上速やかに推進する為に工場を会社の管理下に置き資産処分を妨害しない事。」と提示一致しましたが、現状では労組は三点①解雇撤回②創業再開③日本人代表理事の再着任を主張し続けているため当社が提示しました条件の話合に入れない状況です。

本件については、一〇月一四日解雇通知の後、一〇月二五日頃、韓国スミダ電機（株）管理部長より支払いの意志を労組に伝えましたが受領を労組側から拒否され、又現在工場を労組に占拠されているため賃金台帳を工場内から搬出できず各人別の支払い金額の計算が出来ないと言う（現実には支払い不可能な）実状にあります。（方針下記）

10) ちなみに、韓国スミダ電機（株）の配当金はすべて韓国スミダ電機（株）の資本金として韓国に残した状態であり、日本には持ち帰っていません。但し七〇億ウオンの資本金は相次ぐ赤字のため純資産が約三〇億ウオンに減少してしまいました。

2．　現状

1)　労組代表四名の主張は、

①解雇撤回

②操業再開
③日本人代表理事の再着任
の三点であり、都合一一回の交渉にもかかわらず、労組側からの譲歩は一切ありません。
2) 一一月一五日に労組四名が来日以来、進出企業問題を考える会（カトリック系）、韓国スミダ電機（株）労組に連帯する会など外部支援団体の支援をえて殆ど連日デモがスミダ電機（株）前で行われています。

最寄り駅前でのアジビラ配り、ラウドスピーカーでの近隣へのアピール行動、会社の窓から街路に向かっての放歌とマスコミへのアピール行動、会社門×（一字判読不明）への横断幕張りによる貨物と人の出入りの威圧と妨害など、とても商用ビザでの来日とは言えない行動が続いています。

さらに、当社において度量なる自制方を要請にも拘らず、一二月二六日夜からハンガーストライキを実施して大きな威圧も加えている現状であります。
5. 弊社としての収拾方針
1) 未払い賃金
賃金未払い分については、韓国の法の示すところにより、韓国の銀行預託分と、不足分はスミダ電機（株）が協力して現在支払い可能状態にあり供託の準備中でありますが、労組に対しては、工場の占拠籠城を一日も早く解除し、円滑な支払いが可能となるように労組の協力を要請します。
2) 労働法への準拠

韓国政府の法律的見解には積極的に応ずる考えであります。
一方、日本人代表理事櫛野浩一の代理人として、韓国人弁護士に手続きを依頼中です。
一月早々には具体的に対応いたします。

3)　代表理事の訪韓

従来のいくつかのケースから判断して身辺に不安がありますので、弁護士を代理人として対処してもらいますのでご了承ください。

4)　退職金、労働債権およびその他債務支払い

退職金積立金の内金として三億ウォンは直ちに支払える状況です。
残についても韓国における労使協議において結論が出次第、合意金額についてスミダ電機（株）からの資金援助をしてでも全額清算致します。

5)　操業再開・解雇撤回・日本人代表理事の再着任要求

A　操業再開：以上の自由により不可能です。
B　解雇撤回：以上の状況により不可能です。
C　代表理事の訪韓：従来のいくつかのケースから判断して身辺に不安がありますので、弁護士を代理人として対処してもらいますのでご了承下さい。

上記に関する具体的な必要諸手続きの推進に当たっては、海谷利洋弁護士、権逸弁護士に依頼し誠意を持って問題の解決に当たります。

（送信不良のため一四字判読不能）操業を続けてきましたが、上記の様な厳しい環境に抵抗できず

ついに倒産に到り、従業員の皆様方が大変苦衷を味わう結果となったことを重ねがさね遺憾に存じます。

労働債務その他の債務の清算に当たり、当方としては、企業倫理の面においても客観的な立場にある第三者にも充分納得の出来るように、最後まで終始一貫して誠意ある態度で迅速に取り進めたいと願っていますので、温かいご理解とご支援を心より御願いする次第であります。

以上

資料2

参議院第一一六国会外務委員会第二号

（平成元年十二月五日）

○（前略）竹村泰子君　すべて起きてから後では遅いのでして、ピートモスについてもそうですけれども、輸入飼料の問題につきましても、これからも厳しいサンプリング検査と、いかに安全なものを私たちがいただくことができるか、そういったことについて外務省、農水省、どうぞ力を合わせて厳しい対応をお願いしたいと思います。

それでは次に、韓国スミダを初めとする日本企業の海外進出についてお伺いをしたいと思います。外務省は、日本企業の海外進出の結果、当該国と日本との善隣友好関係に結果としてプラスになるようにとの立場から必要な情報を収集しておられますね。

十一月四日付の朝日新聞ですけれども、韓国に進出している日本企業が労働コストを理由に次々と撤退をしているということです。中でも韓国に進出しているスミダ電機につきましては、十月十四日、団体協約改定交渉中に約五百名の労働者に突如解雇通知を送付、しかもファクシミリ一枚で解雇通知を送付しております。韓国の国内法では、やむを得ない事由で事業が継続不可能なときには労働部長官の認定を受けなければならないのですけれども、申告もせず人員整理をする場合は、六十日前に通知をし組合と合意しなければならないとされています。にもかかわらず、何らの予告もなく撤退をし、そして現地に残された韓国人労働者が、これは大部分が夜間高校に通う十代の女性たちあるいは二十代初めの若い女性たちでありますけれども、工場に籠城しているという状況にあるとの由です。この件について、事実関係をどのように把握しておられますでしょうか。
○政府委員（谷野作太郎君）　ただいま委員御指摘の点は、ほぼ私どももそのように事実として聞いております。したがいまして、繰り返すことは避けたいと思いますが、私どもの当然の務めといたしまして、現地の釜山の総領事館あるいは外務本省におきまして韓国スミダ電機の方々からお話を伺っております。
　いずれにいたしましても、基本的にはこの問題といいますのは、日本の民間企業が出資しております現地の企業における労使紛争の問題でありまして、政府が右だ左だと直接的に関与すべき立場ではないと思いますけれども、他方、委員御承知のように、せっかく万般良好な日韓関係にあるわけでございますから、また関係方面のいろいろな努力もございます。そういう中で、このような非常に残念な事態が発生したのはまことに私どもも遺憾に考えておりまして、今現地から当事者がいらっしゃって東京でお話し合いが続いているというふうに承知いたしておりますけれども、なるべく早急に円満な解決が当事者の間で図られるように期待しておるところでございます。
○竹村泰子君　この報道が事実であるとすれば、なぜこのような事態が続発しているとお思いになりますか。外務省、外務大臣それから通産省の両方にお聞きをしたいと思います。

○政府委員（谷野作太郎君）　とりあえず私の方から韓国の問題に限ってお話し申し上げますが、委員も御承知のとおりでございますけれども、昨今韓国におきましては労働賃金が大変急激な高騰を見せております。それから、現地通貨のウォンが非常に米ドルとの関係で高くなってきておるということもございまして、幾つかの企業が経営に非常に困難を来し始めておるということを私どもは承知しております。

○国務大臣（中山太郎君）　委員御指摘の韓国におけるスミダ電機の関係会社の話は、これは民間の問題として政府が直接関与する立場にございませんけれども、ＯＥＣＤの多国籍企業の行動指針というのがございますが、政府といたしましてはそれを十分踏まえて、現地に進出した企業がそれぞれの国における現地社会の一員として責任ある行動をやってもらいたいというのが外務省としての考え方でございます。

○竹村泰子君　大臣、今政府が、国が介入するべきではないというふうなお答えをなさいましたけれども、この日系企業というのは韓国でも韓国スミダだけではないんですね。多分御存じだと思いますが、非常にたくさんの企業がこういう状態になっています。それからアジア全体でいいますと、本当にもっともっと多くの企業がこういう労働的なトラブル事例を起こしているわけですけれども、今大臣がお触れになりましたとおり、「海外投資行動指針」、それから産業構造審議会で出しておられます「海外事業展開に当たって期待される企業行動（十項目）」というのがございますね。

それに先立って世界では、一九七六年にＯＥＣＤが「国際投資及び多国籍企業に関する宣言」というのをしております。そして「多国籍企業の行動指針」を採択。続いて、一九七七年にはＩＬＯが「多国籍企業及び社会政策に関する三者宣言」を採択しております。国連では、多国籍企業行動憲章の草案提出を一九八二年にしておりますね。これらに対応する日本政府の方針は、今私が申し上げたただこの二つしか見当たらないんでございます。これについてどうお思いになりますか。また、これからどうしようとお思いになっていらっしゃいますか。

○説明員（若杉隆平君）　ただいま先生御指摘のとおり、海外投資を行いました日本の企業は、よき企業市民として現地で活動することが何よりも重要でございまして、労使関係につきましても、現地におきまして良好な労使関係の確立に配慮した企業行動をとることが基本的に重要であるという認識はそのとおりでございます。

先生御指摘のように、既に我が国の民間経済団体におきましては自主的に「海外投資行動指針」を策定しておりまして、良好で適正な労使関係の確立に努めるよう申し合わせています。ところでございまして、通産省といたしましても、海外投資を行った企業がよき企業市民として現地社会で受け入れられるよう、そのような指針の遵守方を要請しているところでございます。

また、ことしの五月、御指摘のとおりでございますが、産業構造審議会におきまして、海外投資を行う企業が海外事業展開に関します基本理念を明確にすることが重要であるという御認識のもとに、投資先国の経済、社会に積極的に融和、貢献していくべく、それぞれの個々の企業が自主的に定めて実行することが期待される「海外事業活動展開に当たって期待される企業行動（十項目）」というのが提言されているところでございます。私ども通産省としましては、その内容を関係団体に対しまして広く周知させるべく通知を行ったところでございます。

審議会の提言にもございますように、企業行動のあり方は、各企業の経営環境を踏まえつつ自主的に作成し対応すべきものと基本的に考えているわけでございますが、いずれにしましても当省といたしましては、日本企業が現地の海外社会において何よりもよき企業市民として融和、活動していくことが重要であるという認識でございまして、その努力をぜひしていただきたいという期待をしている次第でございます。

○竹村泰子君　今通産省のお答えにありましたとおり、この「海外投資行動指針」それから「海外事業展開に当たって期待される企業行動」、両方ともなかなかいいことが書いてあるんです。基本的な姿勢として、「投資先国の社会に融け込むよう、その経済、社会との協調、融和を図りつつ行うという基本的姿勢を貫くこと」、「投資先国の法に基づく独立の法人であることをよく認識し、その主体性を尊重して行動すること」、また「長期事業方針の明示、適正な労使関係の確立等の適切な配慮を行う」、また、現地社会の「労働組合組織や労働慣行について十分な認識と理解を深めることに努め」「意思の疎通を図ること」云々とございます。

これらのわずか二つしかこういった多国籍企業に対する日本の政府の姿勢というのが見つからないんですけれども、こういったただ二つのものから見ましても、今回の韓国スミダの事件、そして数々のアジアの国々でのこういった問題は、大きく私は違反をしていると思いますし、徹底されていないと思いますけれども、その点で外務省そして通産省は、この徹底に対してどういうふうに考えておられるのでしょうか。

○政府委員（林貞行君）　先ほど外務大臣から申し上げましたように、外務省といたしましても進出企業、投資企業が現地において現地社会との融和ということを果たすことが極めて重要と考えております。このような観点から、外務省としても現地の我が国企業に現地社会の一員といたしまして責任ある行動を期待しておりまして、海外における企業や法人の活動のあり方を検討する、例えば官民合同会議等の機会におきまして啓発するよう努力を行っておる次第でございます。

○説明員（若杉隆平君）　ただいま先生御指摘にございました産業構造審議会の提言におきましては、個々の企業の経営理念なり企業行動指針は、各企業の経営環境を踏まえつつ自主的に作成されるべきものであって、一律に義務づけをすべきものではないという指摘もあわせてなされているところでございます。このため私どもとしましては、それぞれの企業がよき企業市民として現地社会に受け入れられるための指針をあくまでも自主的に定めて、よき企業市民として現地社会に受け入れられるよう努力を重ねてもらいたいという期待をしている次第でございます。

○竹村泰子君　私の手元にあります資料で「日系企業をめぐるトラブル事例」というのがございます。これは日系の韓国スミダほかの進出企業について「進出企業問題を考える会」の市民の皆さんがガイドラインをつくられましたのですけれども、その中にございますトラブル事例でありますが、これはほんの一部だと思います。韓国が多いですが、それから東南アジア、マレーシア、タイ、フィリピン、パプアニューギニア、香港、インドネシアそして中国、本当にたくさんの私たちの仲間のアジアの国々でこういった似たようなケースあるいはもっとひどいケースを私たちは報告を受けているわけです。

これらが事実とすれば、対日感情が非常に悪化し、事実、韓国などではもう日本の企業に対する感情がとても悪化していると聞いておりますけれども、アジアの国々と友好的な関係を維持発展させるために非常に私はマイナスであると思いますが、外務大臣、いかがお考えになりますか。
○国務大臣（中山太郎君）　委員御指摘のとおり、現地に進出した企業がこのような事態を引き起こすということは各方面が努力している友好関係に大きな影を落とすものでございまして、私どもとしては本件が早急に当事者間で円満に解決がされるように期待いたしたいと思っております。
○竹村泰子君　経済大国と言われ、先進国と言われる日本ですけれども、しかしわずか四十年余り前に日本はアジアの国々を土足で踏みにじっていき、千八百万人の犠牲を出したわけです。そういった歴史的な事実からいいましても、その償いとしても、アジアの国及び民族との平和と友好、このことにはどんなにたくさんの大きな力を出しても出し過ぎるということはないと私は思います。そうでなくともエコノミックアニマルなどという呼ばれ方を御存じないわけはないでしょう。韓国スミダの問題は氷山の一角にすぎないと思います。
　これらのアジアの国々で起こっています。事実に目をつぶらずに、どうか事実をしっかりと把握して、そしてアジアの国々とともにある、ともに生きる、世界の孤児とならない日本、そのためにどうかよい御指導をしていただきたい。企業に対しての行政指導はできなくても、勧告とか忠告とか、そういったことはおできになるわけですから、そういったことをきちんとぜひなさっていただきたい、強く要望しておきたいと思います。（後略）

http://kokkai.ndl.go.jp/SENtAkU/sangiin/116/1110/11612051110000c.html

資料3

参議院第一一二回国会予算委員会一五号

（昭和六三年〇三月二六日）

○橋本敦君　（前略）

私は次の質問としていわゆる大韓航空機事件に関連をいたしまして質問いたしますが、この事件に関して我が国の偽造旅券が使われたという事実、これは極めて重大であります。この点について捜査権は日本にあることは明白だと思いますが、その点について、外務大臣、法務大臣、どうお考えでしょうか。

○政府委員（藤田公郎君）　偽造旅券の問題につきましては、外務省といたしましてもこれまで旅券の専門家を韓国に派遣する等の調査を進めてきております。ただ、この問題は具体的な事件の証拠収集に関する問題でもございますので、捜査当局とも緊密に協力をしながら、今後この偽造旅券の問題につきましてはどういうふうに扱うか、あらゆる事情を総合的に勘案しながら適切に対処してまいりたいと思います。

○橋本敦君　法務大臣、捜査権が日本にあることは間違いないかと私聞いているんですが。

○政府委員（岡村泰孝君）　偽造旅券の行使につきましては、偽造公文書行使罪の成立が考えられるところでございます。この罪につきましては、刑法上、何人がどこで犯してもその国外犯については処罰できるという規定が設けられております。そういう意味において我が国の捜査が行うことができるわけでございます。

ただ、現実の問題といたしまして、外国で捜査を行います場合にはやはり外国の主権の問題があるわけでございまして、そういう意味での制約はあると思います。具体的にはやはり捜査共助という方法によることになろうかと思います。

○橋本敦君　捜査協力の関係で、警察庁は韓国へ派遣をして捜査をされたという事実があるわけで、それに関連して聞きますが、この蜂谷真一、蜂谷真由美名義の偽造旅券、この旅券は偽造された場所はどこだとお考えですか。

○政府委員（城内康光君）　お答えいたします。

本件の偽造旅券は蜂谷真一という実在の人の名前を使っておるわけでございます。その関係について調べましたところ、その偽造旅券の作成に、北朝鮮の秘密工作員であることが明らかな宮本明こと李京雨が関係していたということがわかっております。それからまた、金賢姫からのいろいろな事情聴取で、一九八四年、金賢姫が招待所におりましたときに、その年の七月に旅券用の写真を撮影し、それからまた八月にそれに署名をしたというようなことがわかっております。そういったいろいろな諸点を総合いたしまして、北朝鮮において偽造されたというふうに私どもは考えております。

○橋本敦君　この旅券の行使の関係で聞きますが、これについて、金賢姫らはこの偽造旅券をどこで受け取ったと言っておるんですか。
○政府委員（城内康光君）　お答えいたします。
　ブダペストからウィーンに向かう車の中で渡されたというふうに承知しております。
○橋本敦君　じゃ、ブダペストまではどこの国の国籍の旅券で行っておるんですか。
○政府委員（藤田公郎君）　これは北朝鮮の旅券でございまして、ハンガリー当局もそういう入国があったということを発表いたしております。
○橋本敦君　ウィーンへ向かう車中でこの偽造旅券を金賢姫に渡したのはだれですか。
○政府委員（城内康光君）　お答えいたします。
　金賢姫から聞いたところによりますと、ブダペストに駐在しております北朝鮮の外交官であるということでございます。
○橋本敦君　その名前の情報も入っているはずですが。
○政府委員（城内康光君）　お答えいたします。
　当該人物の名前でございますが、米国の発表によりますと、在ブダペスト駐在の北朝鮮外交官ハン・ソンサムというふうに言うということを承知しております。
○橋本敦君　その偽造旅券を使ってユーゴのベオグラードにも行っておるということをユーゴ当局の発表でも確認されているように思いますが、どうですか。
○政府委員（城内康光君）　お答えいたします。
　ユーゴに入ったという事実は私ども承知しております。

○橋本敦君　ですから、したがって捜査当局の判断を聞きますが、この偽造旅券を金賢姫らが行使した事実は、そこからバーレーンに行くわけですが、その経路については客観的事実として十分裏づけられるというように思いますが、どうですか。
○政府委員（城内康光君）　お答えいたします。
　偽造旅券の行使につきましては、バーレーンにおけるものはおおむね捜査的には確定しております。現在外交ルートを通じてバーレーン当局に調書作成を要請するなどの証拠化の措置をとりつつある、こういうことでございます。
○橋本敦君　そうすると、警備局長に伺いますが、先ほど法務省刑事局長がおっしゃったように、この偽造旅券の行使、つまり偽造公文書の行使という罪は成立するということについては確信がありますね。
○政府委員（城内康光君）　お答えします。
　先ほど法務省の刑事局長から答弁がありましたように、この事件につきましては偽造有印公文書行使被疑事件として現在捜査中であるということであります。
○橋本敦君　いや、捜査中であることはわかっておるからずっと聞いておる。
　その被疑事件としては十分客観的に犯罪成立に至る証拠の収集は可能だという展望はあるでしょうと、こう聞いています。。
○政府委員（城内康光君）　お答えします。
　繰り返すようで恐縮でございますが、先ほど申し上げましたように、それを現在証拠化しつつあるという過程でございます。
○橋本敦君　まあそれはいいでしょう。
　そこで自治大臣の御判断を伺いますが、日本の法を犯し、偽造旅券を行使した金賢姫という人物は北朝鮮の工作員であったということの判断は、国家公安委員長としてもいろんな証拠からなさっているのではないかと思いますが、御判断はどうですか。
○政府委員（城内康光君）　技術的な事柄でございますので、私からお答えいたします。
　金賢姫の供述は、いろんな点で信憑性があるというふうに私ども考えております。金賢姫は、全く自己にとって不利益な供述をしておりまして、それは大変自然であり、また具体的な内容になっております。そういったことは、一月十五日のテレビなどの公開記者会見のインタビューなどでも明らかでございますし、また私どもの捜査員、警察庁の係官が韓国に赴きまして二回にわたって事情聴取をしたということからも、大変心証を得ておるわけでございます。それからまた、金賢姫の供述につきましてはいろんな点で裏づけがとれておるわけでございます。

　そういったような点を総合的に考えて、私どもは北の関与があるというようなことを考えているわけでございます。
○橋本敦君　ところで、この金賢姫を教育したウネあるいはウンへなる人物の問題ですが、この人物についてはは鋭意調査を遂げられておるようですが、経過はどうですか。
○政府委員（城内康光君）　お答えします。
　この恩恵の所在捜査の進捗状況でございますけれども、李恩恵なる人物を割り出すために、身元に関する情報及び似顔絵をもとにしまして、家出人の手配データなどを利用して、現在幅広く類似の行方不明者について調べておるところでございます。また、ポスター、チラシなどを全国に配布して、広範な広報活動をやっておるわけでございます。

特に、本件につきましては捜査というよりはむしろ人捜しという分野でございますので、情報などを国民にできるだけ多く提供して御協力を得たいということでございまして、現在進行形であるということでございます。

○橋本敦君　これは、警察としてはこの恩恵なる人物は日本女性で、日本から位致された疑いが強いと見ているんじゃありませんか。

○政府委員（城内康光君）　お答えします。そのように考えております。

○橋本敦君　それが事実はっきりいたしますと、これはまさに外国からの重大な人権侵犯事件であり、我が国の主権をも侵害する重大な事犯の可能性を含んでいます。重大な事件である。ですから、これがはっきりしますと、当然本人の意思を確認して、主権侵害の疑いがあれば原状回復を要求するなど、政府としての断固たる措置をとる必要がある。

外務大臣、今までの捜査の経過、答弁をお聞きになってどう御判断でしょうか。

○国務大臣（宇野宗佑君）　警察当局からの答弁どおり、ただいま鋭意捜査中でございますから仮定の問題なのかもしれません。しかし仮に、真相究明の結果主権が侵害されたということが確認された場合には、当然日本は主権国家でございますから、それに対する措置を講じなければならない、かように考えています。

○橋本敦君　国家公安委員長として、この恩恵の拉致事件についてどう御判断ですか。
○国務大臣（梶山静六君）　問題の女性の身元割り出しは困難な面があることは否めないことでありますけれども、日本から拉致をされた疑いの持たれることから、事態の重大性にかんがみ、今後とも国民の協力を得つつ力を尽くす所存でございます。
○橋本敦君　拉致事件について言いますならば、単に問題はこれだけではなくて、昭和五十三年七月と八月、わずか二カ月間に四件にわたって若い男女のカップルが突然姿を消すという事件が立て続けに起こっているのであります。これは極めて重大な事件でありますが、福井、新潟、鹿児島そして富山、こうなりますが、一件は未遂であります。
警察庁、簡単で結構ですが、この三件の事件の概要について述べてください。
○政府委員（城内康光君）　お答えいたします。
まず、五十三年の七月七日に福井県の小浜市で起きました男女の行方不明事件についてでございますが、当該男性は七月七日に同伴者とデートに行くと言って軽貨物自動車で家を出たまま帰宅しなかった。自動車はキーをつけたままの状態で発見されております。当該女性はデートに行くと言ったまま帰宅しなかったけれども、この同伴者と結婚することになり大変喜んでいた状況がございまして、自殺することは考えられません。

それからまた、同年七月三十一日に新潟県の柏崎市で起きた事件でございますけれども、やはり当該男性が家の者に、ちょっと出かけてくる、自転車を貸してくれと言って自転車で出かけたまま帰宅しなかった。自転車は柏崎の図書館前に置いてあったのが発見されたわけであります。当該女性は、勤務先の化粧品店で仕事が終わった後、同伴者とデートすると店の従業員に話しておりまして、これも家出などの動機はございません。

　それから三つ目に、同年八月十二日に鹿児島県で起きた事件でございますが、当該男性は同伴者を誘って浜に、海岸に夕日を見に行くと言って出たきり帰宅しなかったということでございます。十四日の日に、その浜のキャンプ場付近でドアロックされたまま車両が発見されております。女性も家者に、同伴者と浜へ、海岸に夕日を見に行くと言って出たままであるということで、これも動機はございません。

　それから、富山県で起きました未遂事件のことでございますけれども、この事件につきましては、八月十五日の午後六時三十分ごろ、海岸端を歩いていた被害者である男女が自分たちの乗車してきた自家用車の駐車場に帰るために防風林の中を歩いていたということで、そうしたら前方を歩いていた四人組がいきなり襲いかかって、防風林内に引きずり込んでゴム製猿ぐつわあるいは手錠、タオル等を使用して縛り上げて、それぞれ寝袋様のものに入れたと。そして現場から数十メートル離れた松林内に運んで放置したということで、原因はわかりませんがその四人組はいなくなりまして、その後その男女は別々に自力で脱出いたしまして一一〇番した、こういう事件が発生しております。
○橋本敦君　未遂事件を除いて忽然と姿を消した三組の男女について、今も動機はないとおっしゃいましたが、いずれも結婚の約束をして挙式を目前にしています。そういうわけで家族も、家出などは絶対考えられない、こう言っておりますし、さらにまた残されたカメラを現像してみますと、仲よくそれぞれ写真を撮ってそのまま残しています。ということで、こういう笑顔を残して蒸発してしまうということも、これも異様である。こういうことから、当然これは誘拐された、こう見るのが当然だと思いますが、どうですか。
○政府委員（城内康光君）　おおむねそういうことではないかというふうに考えております。
○橋本敦君　したがって、水難で海で死んだとか、自殺をしたとかいったような状況も一切ないわけですね。
そこで問題は、この三件について幾つかの点で重要な共通点がある。いずれも日本海側の浜辺、これが犯行現場と目される。それから若い男女がねらわれています。それからもう一つの点として言うならば、全く動機が何にもないということと、その後営利誘拐と見られるあるいはその他犯罪と国内で見られるような国内的状況が一切ない、こういう状況がはっきりしています。。いかがですか。
○政府委員（城内康光君）　諸般の状況から考えますと、拉致された疑いがあるのではないかというふうに考えております。
○橋本敦君　未遂事件で遺留した物品があったようですが、これについての検討で犯人像は何か出てきませんか。
○政府委員（城内康光君）　お答えします。
遺留品について見ますと、ゴム製猿ぐつわ、手錠、タオル、寝袋などがあるわけでございますが、その使われましたタオルのうちの一本が大阪府下で製造された品物であるということがわかっておりますが、他のものにつきましてはいずれも粗悪品でありまして、製造場所とか販売ルートなどは不明でございます。

○橋本敦君　袋とか手錠とか、はめた猿ぐつわとか、日本で販売している、日本で製造されている、そういった状況は一切なかったわけですか。
○政府委員（城内康光君）　お答えします。
　そういった点につきましては、もちろん手を尽くしていろいろ調べたわけでございますが、結果として、先ほど申し上げたように、製造元とかあるいは販売ルートなどがわからなかったということでございます。
○橋本敦君　ところで話は変わりますが、大阪でコックをしていた原さんという人が突然誘拐されたらしくて所在不明になった。ところが、この原氏と名のる、成り済ました人物が逮捕されてこのことがはっきりしてきたという事件があるようですが、警察庁、説明してください。
○政府委員（城内康光君）　お答えします。
　ただいま御質問にありました事件は、いわゆる辛光洙事件というものでございます。これは韓国におきまして一九八五年に摘発した事件でございます。その事件の捜査を韓国側でやったわけでございますが、私どもはＩＣＰＯルートを通じてそういったことを掌握しておるわけでございまして、それによりますと、一九八〇年に、大阪の当時四十三歳、独身の中華料理店のコックさんが宮崎の青島海岸付近から船に乗せられて拉致されたというような状況がわかっております。
○橋本敦君　辛光洙とはどういう人物ですか。
○政府委員（城内康光君）　お答えいたします。
　本件につきましては、私どもの方で捜査をしたわけではございませんので十分知り得ませんが、私どもとしては恐らく不法に侵入した北朝鮮の工作員であろうというふうに考えております。
○橋本敦君　共犯があると思いますが、共犯者はどういう名前ですか。
○政府委員（城内康光君）　お答えいたします。
共犯者としては、名前が出ておりますのは、同じく北朝鮮工作員の金吉旭という名前が出ております。
○橋本敦君　その金吉旭は、日本女性の拉致という問題について何らか供述しているという情報に接しておりませんか。
○政府委員（城内康光君）　お答えいたします。
この北朝鮮工作員金吉旭が一九七八年に次のような指示を上部から受けておるということを承知しております。すなわち、四十五歳から五十歳の独身日本人男性と二十歳代の未婚の日本人女性を北朝鮮へ連れてくるようにという指示を受けていたということでございます。
○橋本敦君　それらが事実とするならば、恐るべき許しがたい国際的謀略であると言わなければなりません。
外務省に伺いますが、同じ昭和五十三年、私が問題にしている一連の事件と同じ年ですが、レバノンでも女性の誘拐事件があったというそういう情報を御存じですか。
○政府委員（恩田宗君）　昭和五十三年の十月三十日から十一月九日までの間に、数回にわたりまして「アンナハール」、それから「ロリアン」というレバノンの日刊紙が誘拐事件について報道しています。、その報道内容は承知しております。

○橋本敦君　説明してください。
○政府委員（恩田宗君）　内容は、昭和五十三年の春にレバノン人女性五名、これは四名と言っています。新聞もございます、が、東京または香港のいずれかのホテルで働くためと言われ、レバノン人に連れられて出国し、最終的には平壌に連れていかれ、訓練キャンプにおいて柔道、空手、諜報技術等を学ばされたが、昭和五十四年秋までにすべての女性がレバノンに帰国した、こういう事実が報道されております。
○橋本敦君　その事実が発覚をして、レバノンのブトロス外務大臣が北朝鮮に厳重に抗議をして、ようやくみんなレバノンに帰ることができたというのが事実じゃありませんか。
○政府委員（恩田宗君）　私どもが承知しておりますのは新聞の報道でございまして、新聞の報道によりますと、レバノン外務省儀典長が当時の北朝鮮通商代表部、レバノンにある通商代表部に申し入れたということだそうでございます。
○橋本敦君　だから、基本的に私が言っている事実に合っているわけです。
　もう一つ、外務省、こういう事実を知っていますか。つまり、昭和五十三年六月のことですが、韓国の映画監督の申相玉氏とその夫人の崔銀姫、この二人、これの拉致事件が起こっていた。この二人はその後脱出をして今アメリカに在住しているようですが、御存じですか。
○政府委員（藤田公郎君）　私ども承知いたしておりますのは、女優の崔銀姫さんが五十三年の一月、映画監督の申相玉さんが同じ年の七月にそれぞれ香港で北朝鮮に拉致をされ、特に監督の方は後を追って行かれたわけですが、投獄をされたりしてしばらく北鮮におられた後映画作製に従事をされ、すきを見て昭和六十一年三月、オーストリアにおきまして米国大使館に逃げ込まれた、日本のジャーナリストの協力を得て逃げ込まれたそうですが、ということが三月に報道が行われまして、五月にお二人が米国において記者会見をされて詳細な事実関係の発表をしておられます。

ちなみに、明らかになります前に、五十九年には韓国の国家安全企画部が既にこのお二人が北朝鮮に拉致されたという発表を行いまして、これがうそだという応酬などが双方であったわけですが、結果的にお二人が出てこられた。それで、真相と申しますか、韓国側の発表どおりのことをお二人が詳細に説明をされたということでございます。
○橋本敦君　外務省にもう一点聞きますが、その申相玉氏あるいは崔銀姫氏ですが、北朝鮮に連行されたときに、いわゆる東北里招待所、これは訓練所とも金賢姫は言っておりますが、その訓練所で日本人を目撃したということを言っているという情報があるようですが、事実はどうですか。
○政府委員（藤田公郎君）　私もこの金賢姫事件の起こりました後報道で拝読した覚えがありますが、現物は今持っておりません。
○橋本敦君　捜査当局に伺いますが、この発言は恩恵の捜査とも関連し、私が指摘した三組のアベックの拉致事件とも関連をして、東北里で日本人を目撃したというこういう証言というのは、捜査上は非常に大事な関心を持たなくちゃならぬ、あるいは捜査の重大な端緒にもなり得る、こういう発言、情報だとこう思いますが、どうお考えですか。
○政府委員（城内康光君）　お答えいたします。
東北里でその李恩恵なる人物が日本人を見たというのではなくて、その東北里で李恩恵とそれから金賢姫が一緒だったときに、金賢姫が李恩恵から自分、つまり李恩恵が金正日の誕生パーティーに出たときに日本人の自分と同じような境遇の、つまり拉致されてきた日本人の男女を見たということを言ったということを伝え聞きしておるわけでございます。
○橋本敦君　いずれにしても、その訓練所から脱出をしてきて現にアメリカにいるというこの二人については、十分な情報を収集するという意味で関心を持って調査をしてもよいと私は思って聞いておるんですが、どうですか。
○政府委員（城内康光君）　お答えいたします。
今の監督とそれからその女優さんのことにつきましては、我が国の法令違反ではございませんので捜査対象というふうなことではありませんが、十分関心を持っているところでございます。
○橋本敦君　外務大臣、自治大臣にお聞きいただきたいんですが、この三組の男女の人たちが行方不明になってから、家族の心痛というのはこれはもうはかりがたいものがあるんですね。
実際に調べてみましたけれども、六人のうちの二人のお母さんを調べてみましたが、心痛の余り気がおかしくなるような状態に陥っておられましてね、それで、その子供の名前が出ると突然やっぱりおえつ、それから精神的に不安定状況に陥るというのがいまだに続いています。それからある人は、夜中にことりと音がすると、帰ってきたんじゃないかということで、その戸口のところへ行かなければもう寝つかれないという思いがする。それからあるお父さんは、突然いなくなった息子の下宿代や学費を、いつかは帰ると思って払い続けてきたという話もありますね。

それから、御存じのように新潟柏崎というのは長い日本海海岸ですが、万が一水にはまって死んで浮かんでいないだろうかという思いで親が長い海岸線を、列車で二時間もかかる距離ですが、ひたすら海岸を捜索して歩いた。あるいはまた、一市民が情報を知りたいというのは大変なことですけれども、あらゆる新聞、週刊誌を集めまして何遍も何遍も読んで、もう真っ黒になるほどそれを読み直している家族がある。こう見てみますと、本当に心痛というのはもう大変なものですね。上海でああいう悲惨な事件も起こりましたけれども、家族や両親にとっては耐えられない思いです。

こういうことで、この問題については、国民の生命あるいは安全を守らなきゃならぬ政府としては、あらゆる情報にも注意力を払い手だてを尽くして、全力を挙げてこの三組の若い男女の行方を、あるいは恩恵を含めて徹底的に調べて、捜査、調査を遂げなきゃならぬという責任があるんだというように私は思うんですね。そういう点について、捜査を預かっていらっしゃる国家公安委員長として、こういう家族の今の苦しみや思いをお聞きになりながらどんなふうにお考えでしょうか。

○国務大臣（梶山静六君）　昭和五十三年以来の一連のアベック行方不明事犯、恐らくは北朝鮮による拉致の疑いが十分濃厚でございます。解明が大変困難ではございますけれども、事態の重大性にかんがみ、今後とも真相究明のために全力を尽くしていかなければならないと考えておりますし、本人はもちろんでございますが、御家族の皆さん方に深い御同情を申し上げる次第であります。

○橋本敦君　外務大臣、いかがでしょうか。

○国務大臣(宇野宗佑君)　ただいま国家公安委員長が申されたような気持ち､全く同じでございます。もし、この近代国家、我々の主権が侵されておったという問題は先ほど申し上げましたけれども、このような今平和な世界において全くもって許しがたい人道上の問題がかかりそめにも行われておるということに対しましては、むしろ強い憤りを覚えております。

○橋本敦君　警備局長にお伺いしますが、これが誘拐事件だとして、時効の点を私は心配するわけであります。しかし、今国家公安委員長もお話しのように、あるいは外務大臣もお話しのように、これが北朝鮮の工作グループによる犯行だというそういう疑いがある。これが疑いじゃなくて事実がはっきりするならば、これは犯人は外国にいるという状況がはっきりしますから、その意味では時効にはかからない、そういうことは法律的に言えるのではないかと思いますが、いかがでしょうか。

○政府委員（城内康光君）　お答えいたします。

まず、一連の事件につきましては北朝鮮による拉致の疑いが持たれるところでありまして、既にそういった観点から捜査を行っておるわけであります。

一般論としてお答えいたしますと、被疑者が国外に逃亡しています。場合には時効は停止しています。ということが法律の規定でございます。

○橋本敦君　そこで外務大臣、この問題が北朝鮮工作グループの犯行だという疑いがぬぐい切れないわけですけれども、そうだといたしますと、大臣が先ほどからおっしゃったように、誘拐された国民に対する重大な人権侵犯、犯罪行為であると同時に、我が国の主権に対する明白な侵害の疑いが出てまいるわけですね。だからそういう意味では、そういう立場で大臣がおっしゃったように主権国家として断固たる処置を将来とらなくてはならぬ、これは当然だと思いますが、その点については私はもう既に国民世論だと思うんです。

例えば二月九日の読売新聞は、「日本の浜を無法の場にするな」、こういう表題で、とまれ、「李恩恵」という人物についての真相解明を急ぐべきであり、北朝鮮側によるら致が事実とあれば、わが国は北朝鮮に対し、原状の回復を求め、同時に、その責任の所在を明確にするための適切な措置をとることが必要である。

わが国からわが国民をら致するような国に対しては、それがどの国であれ、動機が何であれ、毅然として対応すべきである。わが国がそのような非人道的無法行為の現場にされるいわれはまったくない。

こう言っておりますし、また同じ日の朝日新聞は、

事実とすれば、日本の主権にかかわるきわめて重大な事件である。他の国の機関が、日本国内から力ずくで日本人を連れ去るといった理不尽なことが、許されるはずはない。

日本の警察が北朝鮮にら致されたのではないかとみている三組の男女についても、疑惑は大きく膨らんでいます。

こういうように言っておるわけですね。

私は、政府として、こういう重大な主権侵害事件として、これから事実が明らかになるにつれて毅然たる態度で原状回復を含めて処置をしていただきたいということをもう一度重ねて要求するのでありますが、いかがですか。

○国務大臣（宇野宗佑君）　先ほども御答弁申し上げましたが、繰り返して申し上げますと、ただいま捜査当局が鋭意捜査中である、したがいまして、あるいは仮定の問題であるかもしれぬ、しかしながら、仮にもしもそうしたことが明らかになれば主権国家として当然とるべき措置はとらねばならぬ、

これが私の答えであります。
○橋本敦君　私はきょう、三組の男女、それから未遂事件について被害に遭った人の名前はここでは言いませんでした。警察の方も名前はおっしゃいませんでしたが、しかし捜査はほとんど公開捜査でなされておりますから名前等も明らかですね。また、公開で全国民に協力を呼びかけておられる家族もあるわけです。そうして、家族が一番心配しているのは、いつかこの問題が大きな問題になってくる中で、連れていった先で殺される心配があるのではないかということが本当に悲痛な心配であるんですね。そういうことも含めて私はきょうは名前なしに言いましたが、客観的には氏名等ははっきりしております。

私はこの問題は、日本国内において断固としてこういった不法な人権侵害や主権侵害は許さない、この男女を救わねばならぬという国民世論がしっかり高まることと、国際的にも相手がどこの国であれこんな蛮行は許さぬ、そして誘拐された人たちは救出せねばならぬ、それが人道上も国際法上も主権国家として当然だという世論が大きく沸き起こりまして、こういう世論の中でこそ、命の安全を確保しながら捜査の資料を次々と引き出し、捜査の目的を遂げ、そして法律的にも事実上もきちんと原状回復を含めた始末をする、こういう方向が強まると思うんですね。隠してはいけない。恐れてはいけない。我が党も、相手がどこの国であれテロや暴力は一切許さないという立場で大韓航空機事件でも対処しているわけですが、そういう立場で、これらの人たちが救出されること、日本政府が毅然とした対処をとることを重ねて要求したいのでありますが、そういう問題について法務大臣の御意見を伺っておきたいと思います。

○国務大臣（林田悠紀夫君）　ただいま外務大臣、国家公安委員長から答弁がありましたように、我が国の主権を侵害するまことに重大な事件でございます。現在警察におきまして鋭意調査中でございますので、法務省といたしましては重大な関心を持ってこれを見守っており、これが判明するということになりましたならばそこで処置をいたしたいと存じております。

http://kokkai.ndl.go.jp/cgi-bin/kENSAkU/swk_dispdoc.cgi?SESSION=20594&SAVED_RID=4&PAGE=0&POS=0&tOtAL=0&SRV_ID=6&DOC_ID=4046&DPAGE=1&DtOtAL=5&DPOS=5&SORT_DIR=1&SORt_tYPE=0&MODE=1&DMY=22272

資料4
衆議院第一四二回国会法務委員会第二号
（平成十年三月十一日）

○木島委員　日本共産党の木島日出夫でございます。（中略）私は、きょうは法務省、法務大臣の一番大事な基本的な任務として、何といっても国民の今、財産、権利をしっかり守る、基本的人権を守るということだろうと思いますので、実は起きた時期は古い時期でありますが、一九七七年から七八年にかけて日本海海岸で頻発して発生した日本人拉致事件について、いまだに解決しておりませんので、最初にその問題についてお聞きをしたいと思います。

最初に、警察庁をお呼びしております。昨年の警察白書で、警察庁は初めてこれら一連の日本人拉致事件を北朝鮮による拉致容疑として指摘をし、七件十名について触れております。その七件について、概要、そして警察白書以降の捜査その他の状況をまず御報告願いたい。

○奥村説明員　お答えをいたします。

北朝鮮による拉致の疑いのある事件は、これまでに御指摘のとおり七件十人でございまして、また、拉致が未遂であったと思われるものは一件二人であると判断しております。

その内訳を申し上げますと、昭和五十二年九月に石川県警察が検挙いたしましたいわゆる宇出津事件、昭和五十二年十一月に新潟県の海岸付近で発生をいたしました少女行方不明事案、それから五十三年七月から八月にかけまして福井、新潟、鹿児島の海岸で連続発生をいたしました三件のアベック行方不明事案と、同じ年の八月に富山県の海岸で発生をいたしましたアベックの監禁致傷事件、昭和六十年に韓国で検挙されました辛光洙事件、それから李恩恵と呼ばれる日本人女性の拉致容疑事件、この七件十人と未遂の一件二人でございます。

白書以降の捜査の状況でございますが、これらの一連の北朝鮮によります拉致の疑いのある事件につきましては、韓国当局との情報交換を含めまして、外務省等関係各機関と連携をしながら、新たな情報の収集、また各事件相互の関連性の調査等所要の捜査を行ってきておるところでございます。

○木島委員　拉致容疑のある七件十人について、生存が確認されているかどうか。どうでしょうか。

○奥村説明員　生存しているかどうかにつきましては鋭意確認中でございますが、この中で李恩恵と呼ばれる日本人女性でございます。これは、例の金賢姫が捕まりまして、金賢姫がその自供の中で李恩恵という者に過去日本語等を教えてもらったということを言っておりましたので、その当時は生存しておったのではないかというふうに思っております。

○木島委員　ほかに生存確認は全然できていないのですか。今日じゃなくてもいいです。いつの時点でどういう生存が確認できたということでもいいです。

○奥村説明員　ただいま申し上げましたほかに、現在の時点で生存確認しておるという者はございません。

○木島委員　七七年の十一月に新潟で起きた少女拉致事件、横田めぐみさんでありますが、この件について、詳しい捜査の状況、そして今日まで警察として把握しています。状況を述べていただきたいのです。
○奥村説明員　お答えします。
　昭和五十二年十一月に発生をいたしました少女行方不明事案でございますが、これは五十二年の十一月十五日の夕刻、当時十三歳の少女が、新潟市内におきまして、中学校から帰宅する途中で消息を絶ちまして、その後現在に至るまで行方不明となっておる事件でございます。

　本件につきましては、韓国当局との情報交換を含めまして、これまでの捜査結果を総合的に検討いたしました結果、平成九年に至りまして、北朝鮮による拉致の可能性があると判断するに至っておるところでございます。
○木島委員　平成九年に至って北朝鮮による拉致容疑を判断した、それはどういう契機からそういう判断に至ったのでしょうか。
○奥村説明員　これは、これまでの捜査結果を総合的かつ慎重に検討いたしました結果、平成九年に至りまして、北朝鮮による拉致の可能性があるというふうに総合的に判断するに至ったということでございます。
○木島委員　現在、警察としては、この七件の事案についてどういう捜査体制をとっているのでしょうか。
○奥村説明員　これら七件の事件、事案につきましては、関係府県警察におきまして、必要な体制をとりまして、鋭意捜査を行っておるということでございます。
○木島委員　大分古い事件でありますが、法的にまだ時効は完成していないという立場で捜査を続行していると聞いていいのですか。
○奥村説明員　これは北朝鮮による拉致事件ということでございますので、時効の停止、犯人が海外へ行っています。間は時効は停止するという規定がございますので、時効が停止しているという前提のもとで捜査を行っておるということでございます。
○木島委員　外務省、お呼びしています。のでお聞きしたいのですが、この七件の事案、あるいは富山での未遂事案について、真相解明、被害者の生存の確認等、外交的にどんな努力をされています。のか、御報告願いたい。
○樽井説明員　御説明いたします。
本件につきましては、我が国国民の生命の安全にかかわる大変重大な事件と心得ておりまして、これまでも、いろいろな北朝鮮側との接触を通じまして、私どもとしてはしっかり北朝鮮側と協議しています。ということでございます。

ちなみに、昨年八月に行われました審議官級の予備交渉、引き続いて日朝間の赤十字連絡会議等ございまして、そういう場を通じましても、我が方は、北朝鮮に対しまして、本件の早期調査を強く申し入れています。次第でございます。
○木島委員　八月の審議官クラスの交渉について、もっと具体的に、日本側としてどういう要望を出したのか、相手方、北朝鮮側がどういう対応だったのか、詳しく報告してください。

○樽井説明員　お答えいたします。
昨年の審議官級予備交渉の主要なテーマは、日朝交渉の再開をどうするかということでございましたけれども、その協議の過程におきまして、本件拉致事件につきましても、我が国の大変重大な関心を先方に伝えまして、本件についての早期調査を強く求めたわけでございます。

当時、北朝鮮側は本件拉致事件そのものを否定いたしておりまして、そのようなことはあり得ないという態度でございました。

ただ、御承知のように、昨年十一月の与党の訪朝団が北朝鮮を訪問されまして、その結果、北朝鮮側も、一般の行方不明者として調査するということで回答いたしまして、以後、北朝鮮内部においても調査が進んでいるという理解でございます。
○木島委員　八月の会談で、重大な関心を持っているということで、日本側から北朝鮮側に話をしたという答弁でありますが、もっと端的に、日本の警察は白書で、北朝鮮による拉致の疑いのある事案なんだ。時期、被害者、発生場所、はっきりと相手国に伝えて、捜査協力を依頼したのですか。
○樽井説明員　御説明がちょっと足らなかったと思いますが、御指摘のとおりでございまして、我が方の持っております材料、すべて北朝鮮側に提示いたしまして、早急なる調査を要請しております。
○木島委員　その材料というのは何ですか。
○樽井説明員　先ほど来警察当局からも御説明のありましたような、我が方が持っております関連資料ということでございます。
○木島委員　警察にお聞きしたいのですが、警察が今手持ちの、捜査によって得られた資料はすべて外務省に渡していますか。

○奥村説明員　一連の北朝鮮による拉致の疑いのある事案につきましては、その事案の性質上、外務省等関係機関との連携をとることは、捜査を進める上でも必要不可欠であると考えておりまして、かかる観点から、外務省とは密接な情報交換を行っております。

○木島委員　質問に答えていないのですが、全部出していますか、外務省に。

○奥村説明員　必要な情報は全部出しております。

○木島委員　何が必要か警察が判断しているので、八月の交渉のときには相手国政府は否定していたわけでしょう。そうですね、さっきの報告によると。

その後、相手国の態度変化は見られたのですか、外務省。

○樽井説明員　お答えいたします。

先ほど御説明申し上げましたように、昨年の審議官級予備会談におきましては、北朝鮮側はそのような事実はないという答えでございました。

他方、その後、昨年十一月の与党訪朝団が訪朝されまして、そこにおきます会談で、北朝鮮側から、一般の行方不明者として調査するという回答がございました。

そのような経緯を経まして、私どもは引き続き北朝鮮側の早急な調査を強く申し入れています。という状況でございます。

○木島委員　昨年十一月の与党訪朝団が行った交渉、相手はどんなレベルのどういう人だったのですか。

○樽井説明員　相手方は宋浩敬朝日友好親善協会の会長と承知しております。
○木島委員　国柄でどうかわからないのですが、民間人ですか、それとも捜査に直接の権限等を持っている人なんでしょうか。どういう人なんでしょうか。
○樽井説明員　御承知のとおり、この組織は北朝鮮労働党の関係機関でございますので、それなりの地位をお持ちの方であると承知しております。
○木島委員　党と政府の関係はよくわかりませんが、政府機関の責任ある地位にある者が、一般の行方不明者という言葉で表現するかどうかはともかくとして、捜査、調査に協力しようという回答は、まだ正式には得られていないのですか。
○樽井説明員　私ども政府の理解で申し上げますと、十一月の与党訪朝団と北朝鮮側との会談におきまして、北朝鮮側の極めて正式な回答があったというふうに理解しております。
○木島委員　その後三カ月近くたつわけですが、そういう相手国、相手側の対応を受けて、ではその後どうなったのか。詰める場というのは持っておるのですか。
○樽井説明員　お答えいたします。
　日朝間におきましては、日朝交渉再開という問題もございますので、極めて非公式ではございますけれども、政府レベルの大変非公式な接触を継続いたしております。私どもは、そういう非公式の接触の場を通じまして、この問題については非常に強く提起いたしておりますし、北朝鮮側の早期の調査及び回答を要請している状況でございます。
○木島委員　その非公式の場でこの問題を持ち出した直近の時期というのは、いつなんでしょうか。

そして、それに対して、そのとき日本の外務省側はどういう言い方をしたのか。非公式の場で、相手国の政府機関の代表が出てくるのだと思うのですが、どういう態度だったのか、明らかにしてほしい。

○樽井説明員　お答え申し上げます。

大変非公式な接触でございますので、具体的な時期、レベル等につきましては、大変恐縮でございますがコメントを差し控えさせていただきたいと思いますが、つい最近の交渉はことしに入ってからでございます。その場におきまして、本件につきましてもかなり突っ込んだやりとりをいたしましたが、結果的に、我が方として満足のできる結果は一切得られていないというのが現状でございます。

○木島委員　どうも具体的にお話しいただけないのでよくわからぬわけですが、満足の得られる回答が得られなかったというお答えですが、どういう態度なんですか。

要するに、日本が考えているように、こういう拉致事件、そんなのは知らぬという態度なんですか。それとも、与党訪朝団が交渉したときの相手の朝鮮労働党の代表が発言したような、まあ一般の行方不明者として捜そう、そういう態度なんですか。もうちょっと具体的に答弁してくださいよ。

○樽井説明員　先方の態度でございますけれども、一般の行方不明者として調査する旨を与党訪朝団に約束したということを踏まえまして、そういう調査を継続しているという回答でございます。

他方、先ほど来申し上げていますように、その結果につきまして、私どもとしては満足できる結果は得られていないということでございます。

○木島委員　相手国政府は、与党訪朝団の折衝の場でも、今述べられた非公式の政府間の折衝の場でも、拉致事件というのは一貫して否認しているというふうにお伺いしていいですか。

○樽井説明員　本件につきましては、与党訪朝団が訪朝されましたときに大変激しいやりとりがあったというふうに承知しておりますけれども、北朝鮮の立場といたしましては、拉致事件ということにつきましては、これを必ずしも受け入れているということではございませんけれども、先ほど来御説明申し上げていますように、一般の行方不明者として調査することはやりましょうということでございます。

○木島委員　被拉致者の家族の皆さん、大変な思いでこの二十年間を過ごしています。全く情報がなかったわけであります。つい最近、一定の情報が得られて、横の連絡がとれるようになりまして、被拉致家族連絡会が組織されました。

この家族の皆さん、昨年、政府に訴え状を出したと思うのです。ちょっと冒頭、読んでみます。

「政府に訴えます。私達の息子や娘たちを返してください。昭和五十三年七～八月私達の息子や娘達が、突然姿を消してしまいました。茫然自失の私達は、行方不明となった理由・原因について、ありとあらゆることを考え、また自分たちで出来るありとあらゆる方法で、その行方を探しましたが、全く手掛かりをつかむことは、出来ませんでした。」「私達の息子や娘たちが、消息を絶ってすでに二十年たちます。当時二十三才だった息子も現在四十三才であります。この間に失われた貴重な歳月は、永久に取り戻すことは、出来ません。またこの間二十年息子や娘たちの帰りを断腸の思いで待ち侘びていた私達家族の気持はとうていかんたんな言葉では言い表すことは出来ません。」

相手は国交のない国であります。大変だと思うのです。国連の場を通じて努力はどうされているのでしょうか。

○樽井説明員　お答え申し上げます。国連との関係につきましては、昨年、小渕外務大臣が総会出席のために国連に出席いたしました折に、当時の明石国連事務次長との会談の中で本件を提起いたしまして、ぜひ国連サイドでも御協力いただきたいという話をいたしております。

その後、明石事務次長が訪日いたしましたときにも、本件につきましては国連としても非常に関心を持っておりますので、お手伝いが必要であれば考えたいということをおっしゃっておられたと承知しております。

○木島委員　それで、その後詰めているのですか。

○樽井説明員　その後、この協力につきましては、特に具体的な詰めは行っておりません。

○木島委員　非常に外務省の対応は不十分だと思うのですね。こういう思いで二十年間、家族の皆さんは情報を求めているのですよ。日本の主権にかかわる事件ですよ。日本の国内で、何の責任もない若い男女が忽然と行方不明になった。日本の政府、警察庁は、北朝鮮による拉致事件だと正式に認定した。もっと毅然たる態度で臨んでほしい。

そして、少なくとも外務省なり警察庁がつかんだ情報は、すべて家族に伝えてほしいのです。皆さん方、私に対してもほとんど情報を提供しません。警察、外務省、どうですか。あなた方がつかんでいるすべての情報を、ここでもほとんど先ほど述べませんでした。二十年待ち続けているのですよ。すべての皆さんが持っている情報を家族に渡してやってください、警察、外務省。

○奥村説明員　警察といたしましては、拉致された疑いのある方々の両親と親族に対しましては適宜連絡をとらせていただいておりまして、今後とも、御指摘の点を踏まえつつ対処してまいりたいと考えております。（木島委員「情報は渡すんですか」と呼ぶ）ええ、情報はこれまでも必要なものはお渡しをしております。
○樽井説明員　外務省といたしましても、本件の重みは十分踏まえて対処しているつもりでありますし、今後ともしっかりやりたいというふうに思っております。
御家族への情報の提供につきましては、先ほど警察当局からお答えしたとおりでございます。
○木島委員　これからも家族の方から警察、外務省にいろいろな情報の提供を求めると思うんです。その際には、隠さずにあらゆる情報を家族に提供してもらいたい。そして、力を合わせて一日も早くまず生存を確認し、救出し、そして事件の真相を解明するように引き続き努力されんことを求めていきたいと思います。
法務省に聞きますが、この事案について法務省はどんな関与、かかわりを持ったんですか。
○原田（明）政府委員　いわゆる一連の拉致事件ということで問題にされている事件につきましては、現在警察当局におきまして捜査中ということでございまして、検察当局といたしましても、その捜査の成り行きにつきまして関心を持って見守っていると承知しております。
○木島委員　先ほど警察から報告があった七件の拉致疑惑容疑、そして一件の富山での拉致未遂事件、これについて、送致を受け、刑事訴訟法に基づく処分をした例はありますか。
○原田（明）政府委員　一件、富山におけるアベック拉致事件につきまして、昭和六十年七月十五日に富山地方検察庁高岡支部におきまして、被疑者不詳のまま逮捕監禁致傷の罪名で送致を受けた。そして、それにつきましては、当時の状況で時効が完成しています。ということで、昭和六十年七月十九日に不起訴処分に付されたということを承知しております。
○木島委員　氏名不詳のまま逮捕監禁容疑で送致を受けた、そして、時効完成で氏名不詳のまま不起訴処分をしたということですが、送致を受けたというわけですから、証拠を添えて送致を受けたと思うんです。そうですね。それで、不起訴処分をしたその一件証拠はどうされたんでしょう。
○原田（明）政府委員　まず、本件一件記録でございますが、その保存期間は、記録の事務規程によりますと平成二年七月十八日までであったのでございますが、この不起訴記録、不起訴にいたしました後に、昭和六十二年十一月二十九日に発生いたしましたいわゆる大韓航空機事件を契機に、本件に北朝鮮工作員が関与している可能性が必ずしも否定しがたい状況に至ったということから、この規程によりまして現在も引き続き保存いたしております。
○木島委員　この未遂事件の被疑者不詳ということですが、その後北朝鮮による拉致の疑いもあるということで記録は保存しておると。もし北朝鮮による拉致未遂事件だということになれば、これは時効はとまると考えていいんですか。
○原田（明）政府委員　もし今後犯人が判明いたしまして、ある期間海外逃亡中であったという事実が認められますならば、その間の時効の進行は刑事訴訟法の二百五十五条によりまして停止いたしますため、その段階で改めて公訴時効の完成の有無が考慮される、検討されるということになるかと存じます。
○木島委員　一連の事件については、家族にとって本当にほとんど情報がないという事案であります。たまたまわずかな情況証拠がかいま見れるのが今の富山の未遂事件。一件記録・証拠もある、そして、幸いにしてその証拠物件が保存されていると。ぜひこれは開示をして私にも見せてほしいんです。もう事件として明らかにした事件でありますから、刑訴法の規定によっても開示することが私は公益にかなうと思いますので、ぜひ記録を見せてほしい。また、ほかの事件の家族にも開示してほしい。

そして、日本の主権が侵害された大変な事件でありますから、民間の力もかりて、これからでも遅くないわけですから、あらゆる情報を集約して、そして北朝鮮に迫るということが求められる事件だと思いますので、富山地検の高岡支部に眠り込ませておくのはいかがかぬと思うんですが、いかがでしょうか。開示をしてもらえませんか。
○原田（明）政府委員　現在、この一件記録につきましては、なお捜査の継続する可能性があるということを前提に現在保存さしていただいているものというふうに承知しておるわけでございます。
そういう点からいたしますと、委員御承知のとおり、刑事訴訟法四十七条の規定に基づきまして検察官が判断するということになろうかと思います。そして、現在そういう面では生きている可能性のある事件ということで、その取り扱いについては、その記録の状況につきまして、閲覧の目的、必要性、その他の事項を考慮して、勘案した上で決定されるというふうに考えるわけでございます。

ただ、委員御指摘のとおり、一般的に公開という点についてはいかがかと存ずるのでございますけれども、しかし、関係者との関係で検察官において個別に判断することは可能であろうというふうに考える次第でございます。

なお、先ほど私、申し上げるのが一点委員の御質問の関係で明確でなかった点がございますが、この一件記録そのものは保存されているんでございますが、これに附属されました遺留品としての証拠物につきましては、これにつきましては不起訴にした後廃棄されているという事情がございます。その点について私のお答えが不十分であり、委員の御質問の中に、一件記録及び証拠物という意味の御指摘が私の答弁の後の質問にあったものでございますから、念のためにお答えさしていただきます。失礼いたしました。
○木島委員　その証拠物というのはどんなものだったんでしょうか。
○原田（明）政府委員　証拠物は、寝袋用の袋、そのバンド、タオル、マスク、手錠、その連結金具、バスタオル、サンバイザー等であったと記録が残っております。
○木島委員　何で廃棄処分しちゃったんでしょうか。
○原田（明）政府委員　これは、当時の事情といたしまして、時効寸前にかかわるものということで送致され、被疑者不詳ということで廃棄されたものというふうに考えております。
○木島委員　もう時間も迫ってきておりますので、検察、警察に最後の質問になりますが、今、この事件解決のために、国連というルート、あるいは国交のない北朝鮮とのいろいろなレベルの公式、非公式の会談、そういう二つのルートを先ほどお話がありました。それ以外に、国際刑事機構その他のそういう国際的な組織を通じて、国交のない国といえどもこの事件の解決のために努力させる、そういう道があるかと思うのですが、いかがでしょう。これは法務省あるいは警察、外務省。少しでも知恵を出して、この事案の解決のために総力を挙げる責任が日本政府はあると思うので、最後に聞きます。
○奥村説明員　これら一連の事案につきましては、この事件の重大性にかんがみまして、あらゆるチャンネルを使って情報の収集等を行っておるところでございます。
○木島委員　今の国際的な組織、どうなんですか。
○奥村説明員　御指摘の国際刑事警察機構につきましても、必要な連絡はとっております。
○原田（明）政府委員　委員の御指摘のこの一連の事件の背景ということを踏まえまして、確かに政府全体としてやらなければならないことはやらなければならないというふうに思いますし、法務省といたしましても、また検察の立場といたしましても、警察当局その他関係当局とお互いに連携をとりながら、やはりやるべきことがございますれば、それに対して協力してやっていかなければならない、そういうふうに考えます。
○木島委員　ひとつあらゆる知恵と力を使ってこの事案の解決、まずは生存を確認して救出することだと思うのです。そして、真相を徹底的に明らかにすることだと思うので、そのために、法務大臣におかれましても、全力を尽くしていただきたいということをお願い申して、私の質問を終わらせていただきます。

http://kokkai.ndl.go.jp/cgi-bin/kENSAkU/swk_dispdoc.cgi?SESSION=20594&SAVED_RID=4&PAGE=0&POS=0&TOTAL=0&SRV_ID=6&DOC_ID=4046&DPAGE=1&DTOTAL=5&DPOS=5&SORt_DIR=1&SORt_tYPE=0&MODE=1&DMY=22272

資料5

第四回六者協議（六者会合）に関する共同声明

二〇〇五年九月一九日　北京

第四回六者会合は、北京において、中華人民共和国、朝鮮民主主義人民共和国、日本国、大韓民国、ロシア連邦及びアメリカ合衆国の間で、二〇〇五年七月二六日から八月七日まで及び九月一三日から一九日まで開催された。

武大偉中華人民共和国外交部副部長、金桂冠朝鮮民主主義人民共和国外務副相、佐々江賢一郎日本国外務省アジア大洋州局長、宋旻淳大韓民国外交通商部次官補、アレクサンドル・アレクセーエフ・ロシア連邦外務次官及びクリストファー・ヒル・アメリカ合衆国東アジア太平洋問題担当国務次官補が、それぞれの代表団の団長として会合に参加した。

武大偉外交部副部長が会合の議長を務めた。

朝鮮半島及び北東アジア地域全体の平和と安定のため、六者は、相互尊重及び平等の精神の下、過去三回の会合における共通の理解に基づいて、朝鮮半島の非核化に関する真剣かつ実務的な協議を行い、この文脈において、以下のとおり意見の一致をみた。

一　六者は、六者会合の目標は、平和的な方法による、朝鮮半島の検証可能な非核化であることを一致して再確認した。

朝鮮民主主義人民共和国は、すべての核兵器及び既存の核計画を放棄すること、並びに、核兵器不拡散条約及びＩＡＥＡ保障措置に早期に復帰することを約束した。

アメリカ合衆国は、朝鮮半島において核兵器を有しないこと、及び、朝鮮民主主義人民共和国に対して核兵器又は通常兵器による攻撃又は侵略を行う意図を有しないことを確認した。

大韓民国は、その領域内において核兵器が存在しないことを確認するとともに、一九九二年の朝鮮半島の非核化に関する共同宣言に従って核兵器を受領せず、かつ、配備しないとの約束を再確認した。

一九九二年の朝鮮半島の非核化に関する共同宣言は、遵守され、かつ、実施されるべきである。

朝鮮民主主義人民共和国は、原子力の平和的利用の権利を有する旨発言した。他の参加者は、この発言を尊重する旨述べるとともに、適当な時期に、朝鮮民主主義人民共和国への軽水炉提供問題について議論を行うことに合意した。

二　六者は、その関係において、国連憲章の目的及び原則並びに国際関係について認められた規範を遵守することを約束した。

朝鮮民主主義人民共和国及びアメリカ合衆国は、相互の主権を尊重すること、平和的に共存すること、及び二国間関係に関するそれぞれの政策に従って国交を正常化するための措置をとることを約束した。

朝鮮民主主義人民共和国及び日本国は、平壌宣言に従って、不幸な過去を清算し懸案事項を解決することを基礎として、国交を正常化するための措置をとることを約束した。
三　六者は、エネルギー、貿易及び投資の分野における経済面の協力を、二国間又は多数国間で推進することを約束した。
中華人民共和国、日本国、大韓民国、ロシア連邦及びアメリカ合衆国は、朝鮮民主主義人民共和国に対するエネルギー支援の意向につき述べた。

大韓民国は、朝鮮民主主義人民共和国に対する二〇〇万キロワットの電力供給に関する二〇〇五年七月一二日の提案を再確認した。
四　六者は、北東アジア地域の永続的な平和と安定のための共同の努力を約束した。
直接の当事者は、適当な話合いの場で、朝鮮半島における恒久的な平和体制について協議する。

六者は、北東アジア地域における安全保障面の協力を促進するための方策について探求していくことに合意した。
五　六者は、「約束対約束、行動対行動」の原則に従い、前記の意見が一致した事項についてこれらを段階的に実施していくために、調整された措置をとることに合意した。
六　六者は、第五回六者会合を、北京において、二〇〇五年一一月初旬の今後の協議を通じて決定される日に開催することに合意した。
第五回六者会合第三セッションは、北京において、中華人民共和国、朝鮮民主主義人民共和国、日本国、大韓民国、ロシア連邦及びアメリカ合衆国の間で、二〇〇七年二月八日から一三日まで開催された。

武大偉中華人民共和国外交部副部長、金桂冠朝鮮民主主義人民共和国外務副相、佐々江賢一郎日本国外務省アジア大洋州局長、千英宇大韓民国外交通商部朝鮮半島平和交渉本部長、アレクサンドル・ロシュコフ・ロシア連邦外務次官及びクリストファー・ヒル・アメリカ合衆国東アジア太平洋問題担当国務次官補が、それぞれの代表団の団長として会合に参加した。

共同声明の実施のための初期段階の措置

二〇〇七年二月一三日

第五回六者会合第三セッションは、北京において、中華人民共和国、朝鮮民主主義人民共和国、日本国、大韓民国、ロシア連邦及びアメリカ合衆国の間で、二〇〇七年二月八日から一三日まで開催された。

武大偉中華人民共和国外交部副部長、金桂冠朝鮮民主主義人民共和国外務副相、佐々江賢一郎日本国外務省アジア大洋州局長、千英宇大韓民国外交通商部朝鮮半島平和交渉本部長、アレクサンドル・ロシュコフ・ロシア連邦外務次官及びクリストファー・ヒル・アメリカ合衆国東アジア太平洋問題担当国務次官補が、それぞれの代表団の団長として会合に参加した。

武大偉外交部副部長が、会合の議長を務めた。

Ⅰ　六者は、二〇〇五年九月一九日の共同声明を実施するために各者が初期の段階においてとる措置について、真剣かつ生産的な協議を行った。六者は、平和的な方法によって朝鮮半島の早期の非核化を実現するという共通の目標及び意思を再確認するとともに、共同声明における約束を真剣に実施する旨改めて述べた。六者は、「行動対行動」の原則に従い、共同声明を段階的に実施していくために、調整された措置をとることで一致した。

Ⅱ　六者は、初期の段階において、次の措置を並行してとることで一致した。

一　朝鮮民主主義人民共和国は、寧辺の核施設（再処理施設を含む。）について、それらを最終的に放棄することを目的として活動の停止及び封印を行うとともに、IAEAと朝鮮民主主義人民共和国との間の合意に従いすべての必要な監視及び検証を行うために、IAEA要員の復帰を求める。

二　朝鮮民主主義人民共和国は、共同声明に従って放棄されるところの、共同声明にいうすべての核計画（使用済燃料棒から抽出されたプルトニウムを含む。）の一覧表について、五者と協議する。

三　朝鮮民主主義人民共和国とアメリカ合衆国は、未解決の二者間の問題を解決し、完全な外交関係を目指すための二者間の協議を開始する。アメリカ合衆国は、朝鮮民主主義人民共和国のテロ支援国家指定を解除する作業を開始するとともに、朝鮮民主主義人民共和国に対する対敵通商法の適用を終了する作業を進める。

四　朝鮮民主主義人民共和国と日本国は、平壌宣言に従って、不幸な過去を清算し懸案事項を解決することを基礎として、国交を正常化するための措置をとるため、二者間の協議を開始する。

五　六者は、二〇〇五年九月一九日の共同声明のセクション一及び三を想起し、朝鮮民主主義人民共和国に対する経済、エネルギー及び人道支援について協力することで一致した。この点に関し、六者は、初期の段階における朝鮮民主主義人民共和国に対する緊急エネルギー支援の提供について一致した。五万トンの重油に相当する緊急エネルギー支援の最初の輸送は、今後六〇日以内に開始される。六者は、上記の初期段階の措置が今後六〇日以内に実施されること及びこの目標に向かって調整された措置をとることで一致した。

Ⅲ　六者は、初期段階の措置を実施するため、及び、共同声明を完全に実施することを目的として、次の作業部会を設置することで一致した。

一　朝鮮半島の非核化
二　米朝国交正常化
三　日朝国交正常化
四　経済及びエネルギー協力
五　北東アジアの平和及び安全のメカニズム

作業部会は、それぞれの分野における共同声明の実施のための具体的な計画を協議し、策定する。作業部会は、六者の首席代表者会合に対し、作業の進捗につき報告を行う。原則として、ある作業部会における作業の進捗は、他の作業部会における作業の進捗に影響を及ぼしてはならない。五つの作業部会で策定された諸計画は、全体として、かつ、調整された方法で実施される。

六者は、すべての作業部会が今後三〇日以内に会合を開催することで一致した。

Ⅳ　初期段階の措置の段階及び次の段階（朝鮮民主主義人民共和国によるすべての核計画についての完全な申告の提出並びに黒鉛減速炉及び再処理工場を含むすべての既存の核施設の無能力化を含む。）の期間中、朝鮮民主主義人民共和国に対して、一〇〇万トンの重油に相当する規模を限度とする経済、エネルギー及び人道支援（五万トンの重油に相当する最初の輸送を含む。）が提供される。
上記の支援の具体的な態様は、経済及びエネルギー協力のための作業部会における協議及び適切な評価を通じて決定される。
Ⅴ　初期段階の措置が実施された後、六者は、共同声明の実施を確認し、北東アジア地域における安全保障面での協力を促進するための方法及び手段を探究することを目的として、速やかに閣僚会議を開催する。
Ⅵ　六者は、相互信頼を高めるために積極的な措置をとることを再確認するとともに、北東アジア地域の永続的な平和と安定のための共同の努力を行う。直接の当事者は、適当な話合いの場で、朝鮮半島における恒久的な平和体制について協議する。
Ⅶ　六者は、作業部会からの報告を聴取し、次の段階のための措置を協議するため、第六回六者会合を二〇〇七年三月一九日に開催することで一致した。

（外務省ホームページより転載）

初出一覧

第一章……『マスコミ市民』一九九五年四月～五月号掲載の拙稿に加筆・補正

第二章……書き下ろし

第三章……『アジア・アフリカ研究』第三四巻第四号（アジア・アフリカ研究所発行）、および『飛礫』（つぶて書房）第三号掲載の拙稿に加筆・補正

第四章……『週刊金曜日』二〇〇〇年十二月二二日付け拙稿に加筆・補正

第五章……書き下ろし

第六章……書き下ろし

第七章……書き下ろし

あとがき

全体をあらためて書き直してみて思うのですが、何かの仕事を成し遂げた後の、爽快感、達成感などは全くありません。「かくも出鱈目な謬論が、なぜこの国ではまかり通るのか――」この疑問が増すことはあっても、減ることはないからです。いずれその後の朝鮮半島情勢と、それをめぐる国内のイデオロギー的情勢を踏まえて、続編を執筆しなければならないと考えています。

それにしても、韓国・朝鮮問題を通じて見えてくるのは、日本人の「島国根性」「国民性」という単純な言葉だけで済まされる問題ではありません。古代よりこの国の支配者・権力者は、自分たちと異質な考え方、文化を持つ民族や集団を時には排除し、奴隷にするか、あわよくば「討伐」、「征伐」の対象としてきた歴史があります。（古代では蝦夷、熊襲、隼人、土蜘蛛、その他）。近世では豊臣秀吉の二度にわたる朝鮮侵略、明治維新以後はアイヌ・モシリへの侵略、琉球王国の征服、台湾侵略、朝鮮侵略、ロシア革命の際のシベリア侵略、満州侵略と傀儡政権のでっち上げ、フランス領インドシナへの侵略、朝鮮人強制連行、そしてアジア・太平洋戦争への突入……。もはや、他言はいらぬでしょう。

昨今のいわゆる中国、韓国の「反日デモ」についても、その根本的な日本政治の右傾化・反動化について何一つ本質的な問題を報道せず、現地の日本人の「被害」にのみ報道を集中させるというマスメディア。そこには、かつて日本軍に虐殺・略奪・強かんされた中国人・朝鮮人の民族的感情を考慮に入れた視点は不在といっても過言ではありません。

しかし、その一方で南北朝鮮の民衆同士の交流、また日本国内における在日韓国・朝鮮人差別への反対の動き、いわゆる日本軍「慰安婦」問題への真相究明と、戦後補償を求めるたたかいへの若い世代の活発な動きの合流……。これらの動きがやがては、日本と韓国・北朝鮮だけではなく、より大きな潮流となって北東アジアの平和と進歩・繁栄へ向けた奔流として流れ出すでしょう。

なお、本書執筆に当たっては過去の拙稿を掲載してくれた各誌の編集者は勿論のこと、学界の権威主義とは程遠い、一部の良心的な朝鮮史研究者にお世話になりました。本の泉社の比留川洋社長には、本書をよりよく仕上げるための助言、忠告を数多く頂きました。いちいち名前を挙げることはしませんが、その方々の協力と励ましがなければ、本書は完成の日の目を見ることはなかったでしょう。厚く御礼申し上げる次第です。

二〇〇七年一〇月七日

著　者

著者略歴

1965年：新潟県生まれ

1988年：東京経済大学経済学部卒業。

1991年：東京経済大学大学院修士課程修了。

1996年：東京経済大学大学院博士後期課程退学。

現在、法政大学社会学部兼任講師、中央学院大学法学部非常勤講師。

このほか、熊本大学文学部非常勤講師、中国・マカオ大学経営学部Visiting Professorなどを歴任。

著書:『占領下の沖縄　米軍基地と労働運動』(1996年、かもがわ出版)

『アメリカ占領下沖縄の労働史－支配と抵抗のはざまで－』(2005年、みずのわ出版)

共著：法政大学大原社会問題研究所・五十嵐仁編『「戦後革新勢力」の源流』(2007年、大月書店)

東京問題研究会著『石原都政の検証』(2007年、青木書店)

訳書：『ＧＨＱ日本占領史第24巻　社会保障』(1995年、日本図書センター)

マイケル・クレア『冷戦後の米軍事戦略――新たな敵を求めて』(1997年、かや書房)

リチャード・スコッチ『アメリカ初の障害者差別禁止法はこうして生まれた』(2000年、明石書店)

ジョン・フェッファー編『アメリカの悪夢――9・11テロと単独行動主義』(監訳：2004年、耕文社)

Ｂ．トイン＆Ｄ．ナイ編『社会経営学の視座』(2004年、文眞堂)

フィリス・ベニス『国連を支配するアメリカ――超大国がつくる世界秩序』(2005年、文理閣)　　　(以上、いずれも共訳)

どうみる韓国《かんこく》・北朝鮮問題《きたちょうせんもんだい》
——日韓《にっかん》・日朝関係《にっちょうかんけい》はこのままでよいのか

2007年10月15日　第1刷発行

著　者　南雲和夫《なぐもかずお》
発行者　比留川　洋
発行所　株式会社　本の泉社
〒113-0033　東京都文京区本郷2-25-6
TEL.03-5800-8494　FAX.03-5800-5353
http://www.honnoizumi.co.jp
印　刷　松澤印刷
製　本　難波製本

ISBN978-4-7807-0347-4　C0036